這輩子一定用得到的心理學

What everyone needs to know about psychology

張笑恆 編著

前言

其實心理學很輕鬆很好玩

在炎熱的夏天，有人突然送你一瓶冰涼爽口的可樂，你對他的好感度是否立即增加？在當今社會日益強大的競爭衝擊下，你時時刻刻面對著來自四面八方的複雜人際關係，要做到遊刃有餘，就必須學會一點心理學。

在人際交往的過程中，唯有摸清對方的心理，分析出他們的每一個表情，每一個動作所傳達出的資訊，你才能得知他們內心真正的想法，從而決定自己該扮演的角色、該說的話、該做的事。每一種行為都源於個人的心理反應，要想在人際交往中化被動為主動，就要練就一雙看穿人心的「火眼金睛」，在不動聲色之間，看清他人的內心。

心理學是一門精彩又有趣的學科，有助於解決在人際交往中所遇到的問題。我們沒有必要成為心理學專家，但可以嘗試接觸心理學，並試著運用心理學知識深入分析自己的心理歷程，藉由這樣的途徑，你將會發現自己的與眾不同。

著名行為心理學派大師亞伯特·班度拉曾說：「心理學無法告訴人們應當怎樣度過

一生，但卻可以提供影響個人變化和社會變化的手段。它還能協助人們評估可供選擇的生活方式，以及社會管理的後果，然後作出價值抉擇。」

我們要懂一點社交心理學。例如藉由感情投資可獲真誠回報的「可口可樂效應」。當你去做某件事的時候，佐以「可口可樂」會讓你更容易強化感情，從而拉近彼此的距離。而「首因效應」會告訴你，你所帶給別人的「第一印象」是何等重要。社交心理學則告訴你，當你能嫻熟地運用這些效應時，你就是人際關係舞臺上的明星。

我們要懂一點生活心理學。生活需要節儉，「王永慶法則」告訴你，節省了一元，就等於賺了一塊錢；生活需要理性，「托利得定理」（Torred Law）告訴你，別一意孤行一條道走到黑；生活需要目標，但不能太多，「手表定律」（Watch Law）告訴你，目標太多等於沒有目標。生活心理學就像是黑夜裡的燈塔，指引你前進。

我們要懂一點情緒心理學。當十位朋友的看法和你相反，你很難不動搖。很多時候，你會因別人的三言兩語而動搖了意志和信念。為什麼會出現這樣的情況呢？其實這就是「韋奇定律」帶來的影響；而「杜根定律」則告訴你，「想成功，自信是基礎」；還有「阿Q精神」的自我安慰；「堅持，才會創造奇蹟」的「羅伯特定理」……當然，情緒心理學還會告訴你如何排解心中的怨氣、憤怒、悲傷等負面情緒。

我們要懂一點婚戀心理學。在婚姻關係中，有時你難免會要求對方與你有同樣的想法、感覺，無法接納對方的不同意見。如果對方的偏好、做法、個性、習慣與你不同時，你就會生氣，硬逼對方改變，不許對方做你不愛做的事，結交你不喜歡的朋友……。其實這些反應，都是心理學的「過度理由效應」（Over Justification Effect）在婚姻生活中的體現。婚戀心理學會讓你明白距離對愛情的重要性，有助於明瞭婚姻關係的真意。這樣的你，才能與所愛的人修成正果，幸福一生。

當你覺得生活失去了光彩，當你覺得快樂總是遙遙無期，當你覺得快要被壓力壓垮，當你怨嘆自己總是人生舞臺上的醜小鴨，當你的婚姻告急，當你陷入物欲的泥沼，當你的事業陷入困境……你需要的不是抱怨哀歎，而是試著掌控及調整你的心理狀態，從而能夠坦然地面對一切。

本書沒有枯燥的專業術語，而是從分析心理入手，運用生動的事例加以闡述，將心理學常識變得輕鬆易懂，讓普羅大眾讀來妙趣橫生，樂趣無窮。

掌握這些心理學定理、定律、效應、法則或原則之後，你將擁有更敏銳的洞察力，能夠更加理解自己，看透他人。成功在哪裡？幸福在哪裡？翻開本書，你將找到滿意的答案。

目錄 Contents

Chapter 02
生活心理學：如何活得遊刃有餘？

Chapter 03 情緒心理學：累的不是生活，而是內心

Chapter 04

經營心理學：企業不倒閉真的不可能嗎？

Chapter 05

管人心理學：放手，其實一點也不難

Chapter 07
職場心理學：有心就能成為職場紅人

Chapter 08
成功心理學：你和成功只有一線之隔

Chapter 09

婚戀心理學：怎樣去斟滿幸福的杯子？

亞伯拉罕・馬斯洛（Abraham Harold Maslow）：「為了避免對人性失望，我們必須首先放棄對人性的幻想。」

——馬斯洛理論

Chapter 01

社交心理學：

為什麼有的人就是那麼受歡迎？

可口可樂效應

感情投資可獲真情回報

所謂「可口可樂效應」，是指把說服性資訊與一些強化刺激聯結起來，從而提高了資訊效應的現象。這主要與「凡事最好佐以可口可樂」所起的作用相仿，而被比喻為「可口可樂效應」。這一效應的實質是強化作用。

賈尼斯等人在一九〇五年就做過這方面的實驗研究。他們把說服性資訊以尋常的方式介紹給全部的測試者，但僅給某些測試者特殊的酬報。例如，在給所有測試者閱讀外商廣告上的說服性資訊之後，給部分測試者每人一瓶可口可樂喝，另一些測試者則是什麼也沒有得到。結果得到酬報的測試者往往比未受酬報者受到更大的影響。因此把這種效應稱為「可口可樂效應」。

這種效應的產生原因，有雙重解釋，一個是認為，給予酬報可使測試者從總體上對實驗者或實驗情境產生積極的熱情；或者，這種酬報只是將測試者置於一個良好的精神狀態之中，而這一點很可能僅是對測試者起了積極對待一切事情的作用。

在與人交往的時候，最容易讓人對你產生信任和感動的，往往不是傾囊相助的義

舉。相反的，**平時小小的感情投資反而特別能夠博得好感，取得信任，從而使你在人際關係之間變得暢通無阻**。小小一瓶「可口可樂」，說不定在關鍵時刻能夠巧妙發揮四兩撥千斤的作用。

王維是一名業務員，偶然一次從公司的銷售網路裡發現了一個大客戶。但是令王維尷尬的是，這位客戶曾與王維要好的同事鬧過不愉快，以至於王維在拜訪這位客戶時備受冷落。但他又不忍心就這樣捨掉了金雞母，正當王維無計可施之際，他發現客戶的書架上擺放著許多石頭，頓時計上心來。

第二天，他到河邊撿了一些別緻的石頭，並仔細分類整理好，包裝成精緻的禮品後，專程送給這位客戶。當他把石頭拿出來時，客戶兩眼一亮——石頭雖不值錢，但對於喜歡收集石頭的人來說，這就是世上最好的禮物。

於是客戶開始留意這個年輕小夥子，並在不久後跟他合作了一筆生意。也正是這筆生意，讓王維輕鬆地坐上了銷售經理的寶座。

有時候，其實不過是多說幾句客套話的功夫。但如果平時不花精力去做這些事，那麼到了緊要關頭時，你恐怕是花再多的精力，也是很難達成目標。即使在企業之間，適當地進行感情投資也是需要的。

張娜是某小企業的總經理，該企業長期承包大建築公司的工程。所以，張娜經常與這些公司的重要人物聯絡、維繫關係，但她的高明之處在於，她不僅看重這些公司的重要人物，對年輕的職員也殷勤款待，經常施與小小的感情投資。

在平時，張娜總是想方設法，盡力了解這些大公司中每一位員工的情況。當她發現某公司裡有個人大有可為，以後可能會成為該公司的要員時，不管他現在有多年輕、職位有多低，張娜都是盡心款待。因為她明白：自己的感情投資終會有回報。她現在正為以後更大的發展與合作打基礎。

可見，平日累積感情投資是多麼重要。平時認真做，大家知道你的平日表現就是如此，絕不是為了拉攏人心才會做出的造作行為。**與人交往，平時點滴付出關愛之心，更能換來他人的真情回報，在你需要幫助的時候，大家會心甘情願地為你排憂解難**。如果你為自己的人際關係發愁，不妨把「可口可樂」當作素材！

如果你能善加運用「可口可樂效應」，從人情、人性的基礎出發，去對待你的客戶、生意夥伴；對學業、工作、家庭等方面的夥伴施以感情投資，將可深入打好感情基礎，從而強化人際關係，進而使你輕鬆地心想事成，擁有最實際的成果。

自己人效應

「自己人」最可靠

所謂「自己人」，是指對方把你與他歸為同一類型的人。「自己人效應」是指對「自己人」所說的話更信賴、更容易接受。

在人際交往中，大家彼此會相互影響。這種相互影響有時是無意的，有時是有意的，即一方對另一方有意識地施加影響，以便矯正對方某種行為。有意施加影響的技巧很多，其中「自己人效應」便是其中之一。

無論任何場合，在正式溝通前，如果能恰到好處地利用「自己人效應」，將可讓你說服的對象產生親切感。在強化彼此的共識之後，對方的矛盾心情和抗拒感受便隨之減緩，暗示性及從眾性提高，你的觀點便較易於被接受。雷根在競選美國總統時，正是透過巧妙地利用「自己人效應」而贏得了民眾的支持。

美國前總統雷根在參加競選時，迎合選民的手法是變化多端，又具吸引力的。當他對義大利血統的美國人說話時，他說：「每當我想到義大利人的家庭時，我總是想起溫暖的廚房，以及格外溫暖的愛。有一個家庭，原本住在稍嫌狹小的公寓房間，但已決定搬到鄉下的大房子住。一位朋友問這家十二歲的兒子托尼：『喜歡你的新居嗎？』托尼回答：『我們喜歡，我有了自己的房間。我的兄弟也有了他自己的房間。我的姐妹們都有了自己的房間。只是可憐的媽媽，她還是和爸爸住一個房間』。」

這個笑話明顯地拉近了雷根與當地選民的心理距離，有效地推銷了他的形象。這正是「自己人效應」帶給雷根的好處。

一百多年前，林肯引用一句古老的格言，說了一段頗為精彩的話。他說：「一滴蜜比一加侖膽汁更能捕到更多的蒼蠅，人心也是如此。假如你要別人同意你的原則，就先讓他相信你是他的忠實朋友，即『自己人』。只要用一滴蜜去贏得他的心，你就能使他走在理智的大道上。」「自己人效應」在人際交往以及處理人際關係上具有很大的實用價值。在運用「自己人效應」時，一定要做得恰到好處，為自己贏得主動，占得先機。

張正大學畢業後一直沒有找到工作，每天忙於奔波，應聘了幾家公司都被拒於門外，這讓他十分沮喪。

就在他快堅持不下去的時候，他收到了一份面試通知。他抱著最後一線希望，前往這間公司面試。在面試之前，他決定此次再也不能草率地前往。他積極主動地去打聽該公司總裁的歷史，透過熟人了解了總裁的經歷和公司的經營狀況。

經過一番了解之後，他發現這家公司的總裁以前也有與自己相似的經歷，這讓他如獲至寶。於是在面試時，他與總裁暢談自己的求職經歷，以及自己對該公司經營的想法。因為事先做好了充分準備，張正這一次的表現甚為搶眼。果然，他的精采發言博得了總裁的賞識，他被錄用為業務經理。

張正很聰明，為了讓對方接受自己的觀點和態度，首先把對方與自己視為一個群體，向對方傳達一些他們能接受且喜歡的觀點或者思想，然後再悄悄地將自己的觀點和思想滲透進去，使對方產生一種印象，感覺「我們雙方的觀點是一致的」。彼此的態度和價值觀相同，就會快速地縮小心理距離，讓總裁更願意接受自己，建立良好的人際互動，從而獲得賞識。

要把自己變成他人的「自己人」，還要掌握以下技巧：

1. **找出自己與他人的共同點**。強調彼此一致的地方，讓對方感覺到你是「自己人」，從而使你提出的建議易於被接受。

2. **可信度要高**。在人際交往中，你的話語必須使人感覺言之有理。只有這樣，才能增強資訊傳遞的效力。

3. **平等的地位**。只有對等的關係，才會有和諧的交流。當別人問你所穿鞋子的價格時，最好說出和對方那雙差不多的價格！

我們隨時隨地都不可避免地必須與人交際，認識來自四面八方的人。妥善利用「自己人效應」能夠幫助你在人際關係方面更順暢。有時候，僅是提出好建議是不夠的，你還要強化並發揮「自己人效應」，說服別人，讓對方喜歡按照你的建議去做。要知道，無論是在誰的心中，「自己人」永遠是最可靠的。

首因效應

初次見面就讓人留下好印象

第一次交往留下的印象，往往會在對方腦海中形成深刻的印象，並占據著主導地位，這種效應即為「首因效應」。第一印象作用最強、持續的時間也久，往往比日後得到的資訊對於整個印象所產生的作用更強。

「首因效應」（Primacy Effect）又稱「首次效應」、「優先效應」或「第一印象效應」。首因，是指首次認知客體而在腦中留下的「第一印象」。「首因效應」是指個體在社會認知過程中，通過「第一印象」而輸入的最初資訊對客體的未來認知所產生的影響作用。

心理學研究發現，初次見面的雙方，在四十五秒鐘內就能產生第一印象，且最初的〇・二五至四秒所留下的印象是最深刻的，不要小看這短短的四秒，75％的判斷和評價都是由此而來。無論這第一印象是否屬實，在未來都很難改變。

一位心理學家曾做過這樣一個實驗：他準備了三十個題目，然後讓兩個學生都做對三十道題中的一半。但是讓學生A做對的題目盡量出現在前十五道題；讓學生B做對的題目盡量出現在後十五道題，然後把試卷給其他的同學看。

接著讓同學們對這兩位學生進行評價：學生A和學生B比較，誰更聰明一些？結果發現，多數同學都認為學生A比較聰明。

這個實驗讓我們知道，第一印象帶來的是肯定的心理定勢，會使人在後續偏向發掘對方美好的特質。若第一印象形成的是否定的心理定勢，則會使人在後續多偏向揭露對方令人厭惡的特質。

心理學家認為，由於第一印象來自性別、年齡、衣著、姿勢、面部表情等「外部特徵」。一般情況下，一個人的體態、姿勢、談吐、衣著打扮等，多少反映出這個人的內在素養及個性特徵。暴發戶再怎麼刻意修飾自己，舉手投足之間都不可能流露出世家子弟的優雅，總會在不經意中露出馬腳，因為文化的浸染是裝不出來的。

因此在人際交往的過程中，特別在與人的第一次接觸時，務必留意自己所帶來的印象。「首因效應」在人際交往中發揮了非常微妙的作用，只要能準確地掌握，定能為自己的事業建立良好的人際關係。

美國總統林肯也曾因為對相貌的偏見，拒絕了朋友推薦的一位才識過人的閣員。這樣一位偉大、英明的總統，怎麼會犯下以貌取人的錯誤呢？這讓人難以理解。當朋友憤怒地責怪林肯以貌取人時，林肯說：「一個人過了四十歲，就應該為自己的面孔負責。」

這位閣員可能在某一領域有精闢過人的見解，但如果他連與總統會面這件事都不放在心上，不能把自己最好的一面展示給總統，那麼總統該如何在最短的時間內去判斷這個人呢？雖然林肯以貌取人也有其不可取之處，但是「第一印象」確實有著深遠的影響力，所以我們務必應設法提高自身修養，來改變自己的氣質與形象，為將來的成功奠定基礎，搭好臺階。

機會一閃而過，如果無法做到先聲奪人，很難在眾多競爭者中脫穎而出。只有讓自己發光發亮，方能讓才能找到施展的舞臺。有時候，「第一印象」可以決定一個人的前程甚至命運。這種先入為主的印象是鮮明且過目難忘的，當你的「首因效應」存進對方的大腦檔案後，便會留下難以磨滅的印象。

為了留下美好的第一印象，應該怎麼做呢？

1.**讓自己穿著得體**。人靠衣裳馬靠鞍，這是非常有道理的。第一次見面，別人沒有辦法去了解一個人的內在美，而表現在穿著上的個性，卻能讓人看得清楚。如果穿著得體，就容易讓人留下好印象。

2.**注意言談舉止**。只要表現出言辭幽默，侃侃而談，不卑不亢，舉止大方，一定會讓人印象深刻。因為沒有人會喜歡一個言談粗鄙的人。

3.**要有風度**。風度是一個人氣質和性格的自然流露。性格開朗，往往表現出瀟灑大方的風度；性格豪爽，往往表現出豪放不拘的態度；性格沉靜，則常會有溫文爾雅的表現。

一個很有修養的人，在與人第一次接觸的時候，一定會表現得得體大方，使人非常願意與其交往。相反，沒有修養的人會讓人感覺彆扭。因此，無論著裝得體與否，風度是否瀟灑，都和修養有著直接的關係。一個沒有良好修養的人，即使一心一意想給人留下好印象，也往往是裝模作樣，讓人生厭。

雖然僅憑一次見面就讓對方下結論會顯得言之過早，且「首因效應」並不完全可靠，有時還可能出現很大的落差，但絕大多數人還是會下意識地跟著「第一印象」的感覺走。所以，若想在人際交往中獲得別人的好感和認可，就應當給別人留下美好的「第一印象」。要知道千里馬常有，而伯樂不常有！

近因效應

士別三日，刮目相看

與「首因效應」相反，「近因效應」（Recency Effect）使我們看重最近一次與之交往的經驗，並以此作判斷，而忽略以往印象的參考價值，進而無法客觀看待問題。比如多年不見的老同學，在自己腦海中最深刻的記憶就是臨別時的情景；某個人最近出現了異常言行，使他人印象非常深刻，以致推翻了過去大家對他的好感，進而導致一定的偏見。這些都是「近因效應」在生活中給大家帶來的影響。

「近因效應」是美國心理學家盧欽斯藉由連續實驗得出的結論，其中最著名的就是關於「吉姆印象形成」的實驗。

首先他編撰了吉姆生活片段的兩段文字作為實驗資料：第一段文字將吉姆描寫成熱情外向的人，另一段文字則相反，把他描寫成冷漠內向的人。在實驗中，盧欽斯把兩段文字加以組合：

第一組，描寫吉姆熱情外向的文字先出現，冷漠內向的文字後出現。

第二組，描寫吉姆冷漠內向的文字先出現，熱情外向的文字後出現。

第三組，只描寫吉姆熱情外向的文字。

第四組，只描寫吉姆冷漠內向的文字。

盧欽斯讓四組受試者分別閱讀一組文字，然後回答問題：吉姆是一個什麼樣的人？結果發現，第一組受試者中有78%的人認為吉姆是友好的，第二組只有18%的人認為吉姆是友好的，第三組認為吉姆是友好的有95%，第四組認為吉姆是友好的只有3%。

但是，盧欽斯進一步研究發現，如果在兩段文字之間插入某些其他活動，如做數學題、聽故事等，則大部分受試者會根據活動以後得到的資訊對吉姆重新判斷，也就是說，最近獲得的資訊對他們的認知有更大的影響力。在兩種或者兩種以上意義不同的刺激依次出現的場合，印象形成的決定因素是最後出現的刺激物件。

「近因效應」是人際交往中常見的偏見。例如：某人一向風評不錯，最近犯了一個錯誤，人們便改變之前的看法，導致風評下滑；某人因做了一件有意義的好事，人們就認為他是浪子回頭金不換，以前的不好都隨之而去，從此對他刮目相看；在與朋友的交往中，有時多年的友誼會因一次誤會而告終；夫妻吵架，一氣之下，可能全忘記了對方過去的好處和恩愛時的甜蜜，只想著離婚。這些都是心理學上「近因效應」的影響。

兩江總督曾國藩有一個有趣的故事，可以作為「近因效應」的引證：

曾國藩在最初和太平軍的交鋒中，因為一直處於劣勢，於是在奏摺中稱自己「屢戰屢敗」。但在他幕下的師爺看到了，建議不要這樣寫，而要將這四個字的位置調動一下，變成「屢敗屢戰」。

曾國藩恍然大悟，把奏摺改了過來，交了上去。結果「常敗將軍」的形象，轉變成「敗而不餒、堅忍不拔」的好形象。

最後的印象容易對人產生強烈影響，因此，要善用「近因」，創造良好的「近因」，進而改善自身形象。

三國時期，吳國將軍呂蒙不愛唸書，孫權開導他說：「像我這麼忙的人都常常讀書，你也應該好好學。」呂蒙聽後，從此專心學習。

後來，魯肅路過呂蒙屯兵的地方，與呂蒙商談天下大事。酒到酣處，呂蒙問魯肅：「您擔負重任抵禦關羽大軍，打算用什麼方法應付突發襲擊？」魯肅輕慢地說：「臨時想辦法就行。」呂蒙說：「現在東吳和西蜀只是短暫聯盟，關羽畢竟對我們有威脅，怎能不提早做好應對的打算呢？」於是就這個問題，為魯肅想了五種應對的方法。魯肅又佩服、又感激，從飯桌上跨過去，坐在呂蒙旁邊，手撫著呂蒙的背，親切地說：「呂蒙，我不知道你的才能策略竟然到如此境地！」呂蒙說：「士別三日，就應當擦亮眼睛，用新的目光看待。」於是魯肅拜見了呂蒙的母親，並和呂蒙結為朋友，告別而去。

從當初的「吳下阿蒙」，到後來的讓人刮目相看，正是「近因效應」的絕佳範例。

最後的印象往往是人們記憶最深的。因此，一方面要避免因一時衝動而犯下錯誤，而使你處於不利的境地；另一方面，又要好好利用「近因效應」，讓你在別人心中留下好印象，讓別人從此對你「刮目相看」。

親和效應

要像磁鐵一樣吸引人

在人際的交往中，每個人心中都有一個心理定式。「心理定式」是指一個人在一定時間內所形成的一種具有一定傾向的心理狀態。

心理定式一般分為「肯定式」與「否定式」兩種。肯定式的心理定式，主要表現為對交往對象產生好感和正面積極的評價。否定式的心理定式，則表現為對於交往對象產生反感和負面消極的評價。

因此，人們常常有一種傾向，即對於自己較為親近的人，比如有共同的血緣、姻緣關係，或有相似志向、興趣、愛好、利益者，或者是彼此共處同一團體等，會更樂於接近。

一個人如果想要讓身邊的同事、朋友與自己有親密感，就要懂得與他人的相處之道。主動讓別人對自己產生好感、認同並喜歡自己，就須要拿出「親和力」。只有這樣的人才會把周圍的人吸引到自己身邊來，才會讓別人認同自己，對自己有親密感。

江麗在公司已經工作兩年了。兩年來，江麗工作認真勤奮，很少出差錯，並且待人和藹，連看到清潔工都會親切地主動打招呼，能幫得上忙的都會很熱心幫忙。

上週，江麗由於家裡有急事，一心惦記家人的她，居然把公司的標書給弄丟了。這是公司的商業機密，如果被競爭對手拿到，不僅對公司是不小的損失，江麗的飯碗，恐怕也保不住了。

正在焦急地尋找時，江麗突然接到電話，原來，是清潔工在洗手間撿到她的東西，並及時幫她送了過去。問題解決了，江麗十分感激清潔工，清潔工卻說，平時妳對我很好，經常幫助我，我覺得妳就像我的家人一樣，因此妳丟了東西，我比妳還著急！

一個人若只是和自己工作有關係的人交流互動，對周圍的人視而不見，那麼他的社交圈就會窄小很多，更談不上親和力，也不會贏得大多數人的好感。

在與人交往的過程中，應學會善待他人，盡量做到親切溫柔，讓別人覺得你是個隨和可親的人，這樣才能更融洽地和他人相處。千萬不可自命清高，或是瞧不起某些地位比較低的人。想成為一個具有親和力的人，就應該懷有一顆愛心，對別人一視同仁，用甜美的微笑去感染周圍的每一個人，親近每一個人。

海因茨是美國著名食品公司亨氏公司的總裁，也是全球食品業的巨擘。有一次，他去佛羅里達旅行。但沒多久，他就回來了。「怎麼這麼早就回來了？」大家以為他在外面碰到不愉快的事情，提前回來了。

「你們都不在，我一個人去也沒有多大意思。」說完，他指揮一些人在工廠中安放一個大玻璃箱，其他員工納悶地跑過去看，原來裡面有一隻短吻鱷，重達三百六十公斤。

海因茨笑著說：「怎麼樣，這個傢伙看起來好玩嗎？」在當時，如此巨大的短吻鱷並不常見。員工們在驚愕之餘，紛紛高叫著好玩。

「這個傢伙是我這次佛羅里達之行最得意的收穫！」海因茨呵呵地說：「也是我最興奮的事情，請大家工作之餘一起與我分享快樂吧！」原來，海因茨是特意為員工買回來的，他不喜歡一個人獨自享受這隻稀有的動物所帶來的樂趣，於是就乾脆把它買回來與員工們一同欣賞。

正是海因茨這種與員工同甘共苦的態度，增加了他的親和力，使員工擁有了一個融洽快樂的工作環境，而正是這樣的環境成就了亨氏公司。現在亨氏公司的分公司和工廠遍及全球，是年銷售額高達六十億美元的超級食品王國。亨氏公司這種勞資關係被認為是全美工業的楷模，他的公司也因此被譽為「員工的樂園」。

每個人都希望待在一個與人親密無間的環境裡，因為這樣才會有安全感。一個友好的微笑、一個鼓勵的眼神，都可以使人感到你倍加親切！

如果你渴望人群，渴望有事與人分享，那麼就請運用親和力去「吸引」別人，積極主動和別人交流，讓別人看到你甜美可親的一面，讓別人和你在一起有如沐春風的感覺。這樣，你就會如磁鐵一般擁有強大的吸引力。

刻板效應
打破「先入為主」的觀念

人們總習慣把人進行歸類，把某人看作是某類人的典型代表，把對這類人的評價視為對某人的評價，進而誤導人們對這個人的判斷。

俄羅斯社會心理學家包達列夫曾做過一個實驗，他把受試者分為甲、乙兩組，將一個人的照片分別給兩組人看，這人的特徵是眼睛深凹、下巴外翹。他對甲組說，照片中是一位屢教不改的罪犯；再對乙組說，照片中是一位著名的學者。等所有受試者看完後，請他們根據照片中此人的外貌來分析其性格。結果甲組說：此人眼睛深凹，顯示他凶狠、狡猾；下巴外翹，反映其頑固不化的性格。乙組認為：此人眼睛深凹，表示他具有深邃的思想，下巴外翹，反映他具有探索真理的頑強精神。

為什麼兩組受試者對同一照片的臉部特徵所作的評價竟有如此大的差異呢？原因很簡單，因為人們對社會各類的人有著已定的認知。把他當罪犯來看時，自然就把其眼睛、下巴的特徵歸類為凶狠、狡猾和頑固不化；而把他當學者來看時，便把相同的特徵歸為思想深邃和意志的堅忍。

《三國演義》中，水鏡先生曾說：「臥龍、鳳雛，得一可安天下。」臥龍是指諸葛亮，鳳雛則是指龐統。龐統當初準備效力東吳，去拜見孫權，「權見其人濃眉掀鼻，黑面短髯、形容古怪，心中不喜」；龐統又見劉備，「玄德見統貌陋，心中不悅」。孫權和劉備都認為龐統這樣面貌醜陋之人不會有什麼才能，因而產生不悅情緒，這實際上也是「刻板效應」（Stereotypes Effect/Effect of Stereotypes）的表現。

「刻板效應」有如下特點：

1.對個體、群體過於簡單化的分類。

2.在同一社會、同一群體中，刻板印象有驚人的一致性。

3.多是偏見，甚至完全錯誤。

「刻板效應」有時候能使人們在從事某些活動時，根據以往經驗作出判斷進而事半功倍，節省時間和精力。但「刻板效應」無疑也會對人有所束縛，讓人習慣用固定模式思考問題，進而使人看不到事物的變化，陷入因循守舊的僵局，不能有所創新。

世界著名科普作家阿西莫夫從小就很聰明，一生中共撰寫了四百餘部書。

有一次阿西莫夫遇到一位熟人，是個汽車修理工。修理工想和阿西莫夫開個玩笑，於是他說：「嗨，博士，我來考考你的智力，出一道題看你能不能答對，我打賭這道題你肯定無法在十秒鐘內答出。信不信？要不要試一試？」阿西莫夫從來不懷疑自己的智商和能力，於是欣然同意。修理工便說：「有一位聾啞人，想買幾個釘子，可是他說不出話，不知道該怎麼表達。於是他慢吞吞地來到五金行，終於想到一個好主意。他對售貨員做了這樣一個手勢：左手食指立在櫃檯上，右手握拳做出敲擊的樣子。售貨員見狀，先給他拿來一把錘子。聾啞人搖搖頭。於是售貨員明白了：他想買的是釘子。最後聾啞人滿意地離開了。

聾啞人買好釘子走出商店，接著進來一位盲人。這位盲人想買一把剪刀，你說這位盲人會怎麼做？

阿西莫夫順口答道：「盲人肯定是這樣——他伸出食指和中指，做出剪刀的形狀。」說著，還伸出自己的手模仿動作。

聽到回答，汽車修理工哈哈大笑起來：「你答錯了。盲人想買剪刀只需要說：『我買剪刀』就可以了，為什麼要做手勢呢？」

阿西莫夫只得承認自己回答得很愚蠢。而那位修理工在詢問阿西莫夫之前就認為他一定會答錯，因為他所接受的教育太多，反而忽略了生活中的常識。

其實這並不是知識學得多的人就會變笨，而是因為隨著人們學習的知識和經驗越來越多，會在頭腦中形成固定的思維模式。想一想在生活中，人們是不是經常犯這種「聰明」的錯誤呢？

心理學家指出，人們在一定的環境中工作和生活，久而久之就會形成一種固定的思維模式，使人們習慣於從固定的角度來觀察、思考事物，以固定的方式來接受事物。那麼，人們就要學會避免「刻板效應」，以妨礙問題的解決。

世界上萬事萬物都在變化中，因此，不能用固定、靜止和一貫的思維方式去看待問題。也許你正被困在一個看似走投無路的境地，也許你正囿於一種兩難的抉擇中，但無論什麼時候遇到什麼樣的情況，你一定要明白，這種境遇也許只是被僵化的思維所限。只要打破「先入為主」的觀念，換個角度看問題，就一定能夠跳出困境、找到出路。

赫洛克效應

讚美是最值錢的本事

心理學家赫洛克曾做過一個實驗，他把測試者分成四組，讓這四組人在四不同誘因的情況下，分別完成任務。

第一組為激勵組，每次工作後給予鼓勵和表揚；第二組為訓斥組，每次工作後對連一點點問題都嚴加批評和訓斥；第三組為被忽視組，每次工作後不給予任何評價，只讓其靜靜地聆聽其他兩組受表揚和挨批評；第四組為控制組，讓他們與前三組隔離，且每次工作後既不表揚、批評，也不給予任何評價。

實驗結果顯示，前三組的工作成績都比控制組優秀，表揚組與訓斥組顯然比忽視組優秀，且表揚組的成績是持續不斷上升的態勢。

這個實驗說明：對於工作結果及時給予評價，能夠強化工作動機，對工作發揮促進作用。適當表揚的效果顯然比給予批評要好，而給予批評的效果優於不給予任何評價的效果。

赫洛克依據這項實驗，提出了「赫洛克效應」。「赫洛克效應」是指讚美是激勵他人和成就自我的最佳方式。的確，一句讚美的話勝過一劑良藥，真誠的讚美來自內心深處，是心靈的感應，如同和煦的陽光，能使人受到感染，甚至是一種拯救。

在非洲南部有一個族群叫巴貝姆族。族裡面有一條特殊的規定，倘若族內的某個人犯了行為有失檢點的錯誤，就會被族長罰站在村落的中央，公開亮相，以示他人。但最值得稱道的是，整個部落的人都會不由自主地放下手中的工作，從四面八方趕來，進行一個可以讓他重新做人的儀式。

長者首先發言，講述這個犯錯誤的人曾經為整個部落做過的有意義的事情。每個族人依次以真誠的話語，敘述犯錯者的優點和善行。當所有的族人都將「讚美語」說完後，還要舉行一次盛大的慶典。老族長是慶典的主持人，部落中的男女老幼都要載歌載舞，用一種隆重而熱烈的禮儀來慶賀犯錯誤的人懸崖勒馬，脫胎換骨，重新開始全新的生活。

心理學家、哲學家威廉・詹姆斯表示：「**人類性情中最強烈的渴望，就是受到他人認同**。」有時候，簡單的一句讚美，可以挖掘出無窮的潛力，從而創造出非凡的業績。美國總統威爾遜在競選民主黨總統候選人的時候，就運用讚美他人和巧於恭維的方法，最終獲得了勝選。

在威爾遜競選總統前夕，有人發布威爾遜多年前寫的一封信。在這封信裡，他表示要將某議員打得一塌糊塗。信件發布以後，威爾遜與這位議員的關係陡然降至冰點。

不久，在華盛頓的某一場宴會中，那位議員也在座。席間，威爾遜對那位議員的品格和他所以博得名譽的緣由大加讚譽。過了不久，威爾遜又和該議員碰面了，那位議員與原來判若兩人，對威爾遜十分熱情、客氣，並在競選中支持了威爾遜。

讚美他人、巧於恭維是博得他人好感、獲得他人贊同的一把金鑰匙。把讚揚送給別人，就是對別人的認可，使其需求獲得滿足。在許多時候，它就像維生素，是一種人人都需要的營養。

讚美有時只是簡單的一句話，卻包含著關注與肯定。如果想讓別人尊重你，那麼，你就應該率先尊重別人。如果要矯正一個人的缺點，不妨先反過來讚美對方的優點，對方才會樂於迎合你的希望，接受你的建議，及時改正自己。

馬克・吐溫曾說：「只憑一句讚美的話，我就可以多活兩個月。」一位著名成功人士在談及自己的成功經驗時，認為最重要的一點，就是他曾發誓每天都要讚美別人。所以學會讚美吧！因為讚美是成功的密碼，讚美聲中隱藏著許多你難以察覺的成功機會。在讚美聲中，你將會獲得比讚美對方大得多的回報！

鄰里效應
用熱情打動人心

人的心理很奇妙，會害怕他人發現自己內心深處的情感，卻又渴求他人的接受和理解。因此，人在潛意識中，都喜歡和那些看似與自己親近的人交往。住得越近的人，交往的次數越多，關係就越親密。在社會心理學領域，這種現象稱為「鄰里效應」（Neighborhood Effect）。

一九五〇年，美國有三位社會心理學家對麻省理工學院十七棟已婚學生的住宅進行了調查。住宅都是二層樓房，每層有五個獨立的住家。住戶住到哪一個住家，純屬偶然，哪個住家的老住戶搬走了，新住戶就搬進去，這都是隨機性的。調查時，所有住戶的主人都被問到：在這個居住區中，和你經常打交道的最親近的鄰居是誰？統計結果顯示，住得越近的人，交往次數越多，關係越親密。在同一層樓中，和緊鄰的鄰居交往的概率是41％；與間隔了一戶的鄰居交往的概率是22％；與隔三戶的鄰居交往的概率只有10％。只是多間隔了幾戶，其實沒增加多少距離，但是親密程度卻大有不同。

另有一名社會心理學家在員警專科學校也作了十分有趣的研究。他把學生們的名字按字母順序排列起來，然後再按這個順序安排教室座位和宿舍房間。六個月後，要求學生說出三個最親近夥伴的名字。他發現，學生們親近的朋友都是在名字字母順序上和自己相近的人。

俗話說「遠親不如近鄰」，的確如此。美國社會學家巴薩德一九二〇年代研究了費城的五千份結婚申請書，發現三分之一的夫婦，婚前住在五個街區之內的範圍。「鄰里效應」實質上反映的就是：**如果你想擁有更多的朋友，就應該主動熱情地去和他們親近，和他們交往，和他們分享你的快樂和幸福。**

愛默生說過：「有史以來，沒有任何一件偉大的事業不是因為熱情而成功的。」的確，**熱情是吸附成功的強力磁石，所有成功的人都必定具備這一特質。**熱情是一種能源，可以轉化為促使你成功完成一件事的重要力量。熱情就是成功和成就的泉源，沒有了它，你就失去了積極性、主動性和創造性。

一位偉人曾講過：「事業成功的祕密，一是保持熱情，二是保持熱情，第三還是保持熱情。」即便是一件不起眼的小事，注入熱情的動力，也能做出一番成就。

一位女孩對母親的為人稱讚不已，她很佩服母親，竟能在住進她家的一週內，就和周圍的鄰居熟稔起來，打成一片。

有一次家裡停電，家中沒有工具，也無法修理，如果按照她的習慣就會忍一宿，但是，她的母親很自在地敲開鄰居家的門，輕鬆地借到了工具，修好了故障，而在她母親搬來之前的很長一段時間，她幾乎沒有和鄰居說過任何一句話。

母親對鄰居的主動和熱情，不僅解決了女兒生活中的小麻煩，還讓女兒對周圍的一切不再陌生，不再沒有安全感，與鄰居們逐漸地變得熟絡起來。

當你用熱情對待周圍的人的時候，周圍的人也會給你相同的回報。人們普遍存在一種建立和諧人際關係的期望，如果能和周圍的鄰居打成一片，就會盡量避免鄰里之間的不愉快，也會盡量給予他人方便。

熱情的人容易受到朋友歡迎，因此身邊永遠不缺少同伴的關心，所以，從現在起，就做一個充滿熱情的人吧！「鄰里效應」歸根結柢就是要熱情對待身邊的人。懂得關心別人，自然也會得到別人的真心相待。

投射效應

不要把期望建立在他人身上

「投射效應」（Projection Effect）主要分為三種表現形式：

1. **相同投射**。認為他人跟自己一樣，進而合二為一，將對方同化了。
2. **願望投射**。把自己的主觀願望強加給對方的投射現象，總是認為別人的願望就和自己所希望的一樣。
3. **情感投射**。認為別人的好惡與自己相同，進而按照自己的思維方式，試圖影響別人。

心理學研究發現，「投射效應」是一種心理現象，人們喜歡不自覺地把自己的心理特徵歸屬到別人身上，比如個性、好惡、欲望、觀念、情緒等。這種心理現象反映到人際交往中，就表現為常常假設別人與自己具有相同的特性、愛好或傾向等，認為別人理所當然地知道自己心中的想法。而這種效應，正是應該杜絕的。尤其當人有不順心的事時，常常會把一些問題轉移到別人身上，以求得心理平衡。

劉春玲是一個事業有成的女人，因忙於工作，年近三十還沒有男友。一次她獨自一人渡週末，百般無聊時，向餐館打電話訂餐，餐館服務生很熟練地報出她經常點的菜，然後回以大笑。這笑聲在她聽來，似乎是在譏笑她一個人很孤單、很可憐。接著劉春玲便怒不可遏地衝到餐館。她想，一定要當面質問這個服務生，為什麼用這樣的笑聲對待自己？她甚至做好了大吵一架的準備。然而當劉春玲進了那家餐館後才發現，那位服務生正用同樣的笑聲進行電話訂餐。於是她當下就釋懷了：原來並不是對方怠慢自己，而是自己的內心產生變化，是自己內心對自己現狀的不滿，才會產生這樣的感覺。

儘管人們經常會受到錯誤的「投射效應」所帶來的負面影響，但在日常生活中，人們還是容易輕易地把自己的想法和意願投射在別人身上。「推己及人」有時候也是一種感情投射，認為別人的好惡與自己相同，把他人的特性硬納入自己既定的框架中，按照自己的思維方式加以理解。

比如自己喜歡某一事物，跟別人談論的話題總是離不開這件事物，不管別人是不是感興趣、能不能聽進去，若引不起別人共鳴，就認為是別人不給面子，或不理解自己；自己喜歡的人以為別人也喜歡，經常會疑神疑鬼且莫名其妙地「吃醋」；父母替子女選擇學校和職業；老師按照自己的想法授課，認為簡單的就可以不講解等。其實這一切，都是人們的一廂情願。

需要記住的是，**你的一廂情願有時候會換來別人的不在乎，甚至連好心都會被誤解。但這不是別人的錯，原因出在你自己**。在沒有做好充分的調查或準備之前就行動，並按自己的主觀臆想去辦事，肯定會碰釘子的。

一次，一位文藝青年去拜訪一位作家，因為自己喜歡喝茶，而且周圍喜歡文學的朋友都有喝茶的習慣，所以這位年輕人特地買了上等的西湖龍井準備送給這位作家。

一進門，年輕人就滿臉笑容把茶遞給作家，作家客氣了一番，就把茶放在茶几上。年輕人見作家對這麼好的茶卻沒有任何表示，就主動拿起茶，說道：「我想您一定喜歡喝茶，所以特地請朋友從杭州帶來了特級龍井茶，這種茶和普通的茶不一樣，它的原料很講究……。」還沒等作家開口，年輕人就開始長篇大論地談論起品茶的心得。本以為自己的一番陳述會引起作家的共鳴，得到作家的認同，沒想到等他好不容易說完後，作家淡淡地笑道：「真不好意思，我不太愛喝茶，所以對茶葉沒什麼研究，你剛才說的那些我都不了解。」

年輕人一聽，呆住了，自己不但沒有贏得作家的好感，反而還在作家不懂的領域上大談特談，搞得自己也相當尷尬。後來年輕人知道，不是每一個作家都愛喝茶，自己喜歡的事並不一定所有人都會喜歡。

在生活中，經常發生這種類似的現象，是由於對認知缺乏客觀性的表現。把自己的感情投射到一些事情上進行美化或醜化，就失去了人際溝通中認知的客觀性，進而導致主觀臆斷並陷入偏見的泥淖。

《莊子・天地篇》中有個故事：堯到華山視察，華封人祝他「長壽、富貴、多男子」，堯都辭謝了。華封人說：「壽、富、多男子，人之所欲也；汝獨能不欲，何邪？」堯說：「多男子則多懼，富則多事，壽則多辱。是三者，非所以美德也，故辭。」

推己及人可以，但不能一廂情願，要設身處地體會別人的感受，要清楚別人真正需要的、真正想要的是什麼。只有這樣，才能一擊即中，才能讓自己更受歡迎。

古人云：「己所不欲，勿施於人。」但是「投射效應」告訴人們，即使「己所欲」，也不要輕易「施於人」。

暈輪效應
在頭上加一圈閃亮的光環

「暈輪效應」（Halo Effect）最早是由美國著名心理學家愛德華．桑戴克在一九二〇年代提出的。他認為，人們對人的認知和判斷，往往只從局部出發，再擴散而得出整體印象，亦即常常以偏概全。

一個人如果被認為是好的，他就會被積極肯定的光環籠罩，並被賦予好的評價；如果一個人被認為是不好的，他就被消極否定的光環所籠罩，並被認為具有各種不好的評價。這就好像颳風天前一夜，月亮周圍出現的月暈。其實呢，月暈不過是月光的擴大化而已。據此，愛德華．桑戴克將這種心理現象稱為「暈輪效應」，又稱作「光環作用」。

美國心理學家凱利曾經對麻省理工學院兩個班級的學生分別做了實驗。

上課前，凱利向學生宣布，將臨時請一位研究生來代課。接著他告知學生有關這位研究生的性情。他告訴其中一班這位研究生熱情、勤奮、務實、果斷，而向另一班學生介紹研究生時，把「熱情」這項換成了「冷漠」，其餘各項都相同。當然學生們並不知道有這樣的差異。

下課後，前一個班級的學生與研究生一見如故，親密攀談；另一個班的學生對他卻敬而遠之、冷漠迴避。可見，僅一詞之別，竟會影響到個人整體的印象。當學生們戴著這種「有色眼光」去觀察代課者，這位研究生就被罩上了不同色彩的「暈輪」。

心理研究顯示，人們的內心活動常有這種心理現象產生：一個人對另一個人的最初印象決定了對他的整體看法，所以你可以有效地利用「暈輪效應」，努力讓自己在某些方面有突出表現，這樣就會讓別人留下好印象，使他相信你在其他方面也同樣優秀。

正如歌德所說：「人們見到的，正是他們知道的。」如果某人讓大家留下非常好的印象，那麼在這種印象的影響下，人們對這個人的其他方面也會給予較高評價，如同成語中「愛屋及烏」的道理一樣。「暈輪效應」對人們的生活來說，其實是一種片面和偏執的表現，它是一種影響人際知覺的因素，比如人們感受到一個人的好處，往往就會認為他的全部可能都是好的。因此，人們在現實生活中對一個人的認識確實應該有所覺知。

如果能善用「暈輪效應」，那麼就會產生「四兩撥千斤」的妙用，幫助人們實現夢想。很多商品正是借助「暈輪效應」，迅速提升產品知名度，並開拓新市場的。

天津「飛鴿」牌自行車正是如此。「飛鴿」牌自行車在中國享有盛譽，占據了自行車市場的半壁江山，在歷居自行車評比中，獲獎無數，但在開拓海外市場時卻遇到不小阻力。「飛鴿」牌自行車在外國人眼裡不過是「阿斯匹林車」，即騎上去就累得滿頭大汗，可治感冒。因此，如何改變國外對「飛鴿」牌自行車的不良印象，是其進入全球市場的關鍵。

一九八九年，飛鴿自行車集團公司（天津）得知美國總統老布希將偕夫人訪華，上層主管認為機會來了，因為老布希夫婦是自行車迷，於是馬上決定贈車表達中國對美國的友誼，他們選出造型美、重量輕的兩輛彩色自行車送到釣魚臺國賓館。當總理將兩輛「飛鴿」牌自行車送給老布希夫婦時，他們十分高興，連聲誇讚，還興致勃勃地騎上車子，讓眾多記者拍照。對此，國內外上百家媒體都進行了報導。很快地，「飛鴿」變成了「美國總統喜愛的車」、「國家元首級的禮品」。在美國，一時間便興起購買「布希」型、「芭芭拉」型「飛鴿」牌自行車的熱潮。正是借助了老布希夫婦，「飛鴿」牌自行車才能打開國際市場，改變四十年的品牌形象。

在二十年後美國總統歐巴馬訪問中國期間，飛鴿自行車集團公司（天津）同樣運用了「暈輪效應」，送給奧巴馬「飛鴿」牌的電動自行車，使「飛鴿」再次成為眾人矚目焦點。可見，「暈輪效應」的作用是巨大的。

在生活中，你也一樣，有時並不需要你在每方面都表現得很優秀，而只需要在某方面表現突出，就足以讓周圍的人對你另眼相看，以至於相信你其他能力也不會弱到哪裡去。你的一個優點被別人發現，就彷彿在你頭上立即增加了一圈光環一樣，使你的身價立即大增。

以偏概全的現象，常會影響對人、對產品、對品牌的判斷，一旦讓人有某方面很好的印象，那在其他方面也會被染上光環的色彩。因此，不妨善用暈輪效應，多多展示你的才華，打造個人大表作，讓自己的光環再亮一些，自我行銷上也會事半功倍！

蹺蹺板效應
人生不是一場獨舞

玩過蹺蹺板的人都有過這樣的體驗：當你和另外一個人分別坐在蹺蹺板的兩端時，你用力向下一壓，對方就蹺起來；對方再用力向下壓，你就可以蹺起來。這就是一目了然的「蹺蹺板效應」（Cogging Effect / Seesaw Effect）。

當我們蹺起來，處在上方時，感覺是興奮的，如果遊戲的雙方都自私，不肯向下蹲，這個遊戲就無法繼續下去。只有當雙方願意不斷地輪流向下壓，雙方才能輪番享受這個遊戲的樂趣。這就是蹺蹺板互惠原則。

人與人之間的互動，就如坐蹺蹺板一樣，任何關心、幫助與友好行為都是一種互動的過程。**幫助別人，給予別人，表面上看是一種失去，但在給予中，人們也能從對方有所收穫，從而達到互惠互利**。

一個永遠不吃虧，不願讓步的人，即便取得了再多好處，也不會得到真正的快樂。因為自私的人如同坐在一個靜止的蹺蹺板頂端，雖然維持了高高在上的優勢位置，但他的人際互動卻失去了應有的樂趣，對自己或對方都是一種遺憾。

一位大學教授做過一個小小的實驗。他從一群素不相識的人名中，隨機挑選出一些人來，給他們寄去聖誕卡片。他估計可能會有一些回音。但隨後發生的一切，大大出乎他的意料。這些人回贈的節日卡片如雪花似的寄了回來。大部分給他回贈卡片的人，根本就沒想過要打聽一下這位陌生的教授到底是誰。他們收到卡片後，就自動回贈了一張。

這個實驗規模雖小，卻很巧妙地證明了「蹺蹺板互惠原則」在人類的行為中所起的作用。在現實生活中，我們總是採用盡量相同的方式回報別人為自己所做的一切。由於互惠原則的影響力，當人們收到恩惠、禮物和邀請後，就感到自己有義務給予回報。因為「恩惠的接收」往往與「償還的義務」緊緊聯繫在一起。

有些時候，「付出」看似讓自己有所損失，但實際上，當我們給予別人需要時，自己也將能獲得更值得珍惜的東西。**人際關係心理學家認為，互利是人際交往的一個基本原則**。一個人的力量總是有限，最好能夠相互合作，借助對方的力量，彌補自身的不足，以達到雙贏的局面。

兩個饑腸轆轆的人請求一位長者恩賜。長者賜給他們一根漁竿和一簍鮮活碩大的魚。其中一個人選擇只要一簍魚，另一個人選擇了只要一根漁竿，然後分道揚鑣了。

得到魚的人在原地撿了一些乾柴，搭起篝火，煮起了魚，他狼吞虎嚥，完全沒有品嘗鮮魚的滋味，轉瞬間，連魚帶湯就被他吃了個精光。過不了幾天，他就因為後續沒有食物而餓死在空空的魚簍旁。另一個人提著漁竿，繼續忍饑挨餓，步履艱難地向海邊走去，但是因為一路上沒有食物充饑，最終倒在了路上。

幾年後，同樣兩個饑餓的人，他們同樣也得到了長者恩賜的一根漁竿和一簍魚。只是他們並沒有各奔東西，而是商定共同去找尋大海，他們計畫每次只煮一條魚來吃。當他們吃完最後一條魚的時候，他們看到了蔚藍色的大海。他們奔跑到了海邊，用漁竿釣起了他們的第一條魚。從此，兩人開始了以捕魚為生的日子，過著幸福安康的生活。

在這個創業時代，早已不是單打獨鬥、顯現個人神威的時代了。互惠互利，合作雙贏才是現代的真理。只有聯合起來，互惠互利，才能以集體的力量共同戰勝未知的困難。

所謂「有付出才可能有回報，有耕耘才可能有收穫」，今天的收穫就是你昨日耕耘的結果，人與人之間的關係也是這樣。只要你善待周圍的人，在別人困難之時及時伸出雙手，你的真心付出就一定會結滿驚喜的果實。像玩蹺蹺板一樣，你幫助我蹺起來，我也會同樣讓你享受在上面的樂趣，你來我往，才能共同享受遊戲的快樂。互相幫助、給予、關心都是相互的過程，主動一點，就可以啟動你人際交往的「蹺蹺板」。

Chapter 02

生活心理學：
如何活得遊刃有餘？

布里丹毛驢效應

什麼都想要，結果什麼都得不到

「布里丹毛驢效應」是指在決策過程中猶豫不定、遲疑不決的現象。這個理論是由法國哲學家布里丹提出的。有一次，布里丹在議論自由問題時，講了一個寓言故事：

有個人養了一頭小毛驢，每天向附近的農家買草料來餵這頭毛驢。

有一天，運送草料的農夫多送了一堆草料過來，堆在一旁。

這頭饑餓的毛驢站在兩堆無論是數量、品質，甚至連與牠的距離也完全相等的草料之間，猶豫不決。這頭毛驢享有充分的選擇自由，但是這兩堆草料的品質相同，牠完全無法辨別究竟哪一堆較好。

於是，這頭可憐的毛驢就這樣站在原地，一會兒考慮數量，一會兒考慮品質，一會兒顧慮顏色，一會兒分析新鮮度，猶豫不決著，最後竟在無所適從之間活活地餓死了。

事實上，毛驢吃一堆草料就足夠了，但牠竟然會活活餓死？是的！其根源就在於，牠吃掉一堆草料的同時，就必須放棄另外一堆草料，這頭毛驢捨不得放棄！在現實生活中，毛驢的悲劇也同樣困擾折磨著人們，尤其是一些涉世未深、缺乏社會經驗的人。

追求完美，又不願放棄那些相對次要的目標；遲遲無法作出選擇，進而錯失良機……。這些情形往往出現在依賴性較強的人身上。也許是因為不敢承擔責任，或者害怕面對可能產生的不良後果，由於長時間承受負面情緒的壓力而使自卑感加重，最終放棄選擇的權利。其實選擇本就不可能十全十美。古人云：「用兵之害，猶豫最大；三軍之災，生於狐疑。」**面對選擇時，猶豫不決勢必錯失良機，妨礙事業的發展。只有當機立斷，才能抓住稍縱即逝的機會。**

有個人的妻子和孩子同時被洪水沖走，這個人從洪水中奮力救起了妻子。但等他回頭去救孩子時，孩子已經被洪水沖走了。對此，人們議論紛紛，莫衷一是。有的人說，這個人先救妻子做得對，因為妻子不能死而復生，孩子卻可以再生一個；有的人卻說這個人做得不對，應該先救孩子，因為孩子死了無法復活，妻子卻可以再娶一個。

有一位記者聽了這個故事，也感到大惑不解，便去問那個人，希望能得到一個滿意的答案。

結果那個人告訴記者：「我當時什麼也沒想，在洪水襲來時只看到妻子就在身邊，便先抓住妻子往上游，等返回再救孩子時，想不到孩子已被洪水沖走了。」

如果這個人猶豫不決，在洪水到來時還在考慮先救誰，那麼他就成了一頭餓死的「布里丹毛驢」，可能孩子和妻子都救不成。所以說，「布里丹毛驢效應」是決策之大忌。當人們面對兩堆同樣大小的「草料」時，他可以選擇非理性地選擇其中一堆「草料」，或是理性地等待下去，直至餓死。我們應在前者的狀況下，盡量在既有知識、經驗基礎上，運用直覺、想像力、創新思維，找出盡可能多元的方案進行抉擇，以「有限理性」求得「滿意」結果。

美國偉大的心理學家、哲學家威廉•詹姆斯曾經說過：「明智的藝術即取捨的藝術。」那些不懂取捨之道的人，算不上是生活中的大智慧者。要知道，魚與熊掌不可兼得，什麼都想要，往往什麼也得不到。只有合理適當地進行取捨，才能走上正確的人生道路，盡享人生道路上的種種樂趣。

義大利的世界超級男高音歌唱家盧奇亞諾•帕華洛帝年輕時，曾經有過一段時間陷入迷茫。當時他即將從一所師範學院畢業，他苦苦地思考：自己畢業後，是選擇做一名平凡的老師，還是從事自己喜愛的歌唱事業？還是二者兼顧？

這確實是個難題，雖然帕華洛帝在學校主修的是教育，但他覺得自己比較喜歡唱歌。他想要認真學習唱歌，並希望在歌唱領域做出一番成就，可是又不忍心放棄教師這樣一份收入穩定且待遇優厚的工作。到底該做什麼呢？在一番天人交戰之後，他拿這個問題請教做麵包師的父親。

父親沉思了片刻之後，對兒子說：「哦，孩子，你記著，如果你想同時坐在兩把椅子上的話，那你也許會從椅子間的縫隙掉到地上。你只能選一把椅子坐上去。」

帕華洛帝聽了父親的話，終於下定了決心，為自己選擇歌唱這把「椅子」。結果正如他所料，他在歌唱領域獲得了世人的認可，成為一名光芒四射的世界巨星。

無論是取與捨或是得與失，你都要去面對。對於人生道路上的種種選擇，你需要懂得選擇。當外在的環境煩擾複雜之時，需要全心投入時，你必須當仁不讓；當時局顯示，該放手的時間到了，你也不必過於執拗。

什麼都想要，什麼都不肯放棄，結果往往是什麼也得不到。如果你已經「饑腸轆轆」了，那麼唯一的目的就是填飽自己的肚子，而不是在「兩堆草料」之間猶豫不決，成為餓死的「布里丹毛驢」！

奧卡姆剃刀定律

化繁為簡是一種大智慧

十四世紀邏輯學家，英格蘭聖方濟各會修士威廉提出了「如無必要，勿增實體」的原理。其含義是：只承認確實存在的東西，凡干擾這一具體存在的空洞的普遍性概念，都是無用的累贅和廢話，應當一律取消。後來由於威廉反對教皇，他的出生地奧卡姆及其名言「如無必要，勿增實體」一起出了名。這一看似偏激獨斷的思維方式，後來被人們稱為「奧卡姆剃刀」原理（Occam's Razor, Ockham's Razor）。

「奧卡姆剃刀」的出發點就是：大自然不做任何多餘的事。如果你有兩個原理，它們都能解釋觀測到的事實，那麼你應該使用簡單的那個，直到發現更多的證據。對於現象最簡單的解釋往往比複雜的解釋更正確。如果你有兩個類似的解決方案，選擇最簡單的、需要最少假設的解釋，最有可能是正確的。一句話：**把繁瑣累贅一刀砍掉，讓事情保持簡單！**

無論面臨任何問題或困難，或者正在努力朝向任何目標，都應當思考這樣一個問題——「什麼是解決這個問題或實現這個目標的最簡單、最直接的方法？」你可能會因此發現讓你更加輕鬆實現目標的方法。

太空中的低溫無重力空間，使得太空人使用的墨水筆寫不出字。為了解決這個難題，美國太空總署投入一大筆費用，科研人員經過努力，終於研製出一種在低溫失重條件下能寫出字的筆。這時他們才發現，俄國太空人已經不費吹灰之力地解決了這個問題：他們改用鉛筆。

一些看起來很簡單的問題，卻著實曾經讓人們頗費周折。有時候，為了一件事情、一項工作、一道數學題，人們投入了很多，結果不是達不到預期的效果，就是增加了大量成本。不是人們不聰明，而是把事情想得過於複雜了。

哥倫布發現新大陸返回英國後，英女王設宴為他慶功。

宴席上，在場的王公大臣們很想知道哥倫布是依靠什麼複雜的方法發現新大陸，於是有人開口問哥倫布：「你去尋找新大陸，運用了什麼高明的方法？」

哥倫布說：「我的方法就是駕船一直朝一個方向走。」哥倫布的回答，讓女王在內的所有人員都驚呆了。原來他取得這麼大成功的方法，居然這麼簡單！

哥倫布就是靠簡單的方法發現了新大陸，他是用簡單方法做複雜事情的典範。很多人會認為，想得越多就越深刻，寫得越多就越能顯示出自己的才華，做得越多就越有收穫，其實「多」不一定就是好。很多時候，「多」是累贅，「多」是畫蛇添足，「多」只會使你更忙，更沒章法。你要拿出「奧卡姆剃刀」剃掉那些多餘的繁雜。

一家大型日用品公司接到了一位客戶的投訴，聲稱自己買的一盒肥皂竟然是空的。於是，這家公司立刻賠禮道歉，並保證妥善解決。隨後，該公司將其作為「空肥皂盒事件」認真調查。從生產、包裝部門一直檢查到運輸、銷售部門，非要找出肥皂到底是在哪一個環節遺失的不可。結果發現問題在最後包裝的時候，有些空肥皂盒被直接送上流水線了。

經理要求工程師們務必盡快解決這個問題。工程師們夜以繼日地奮戰，很快地設計了一個配備高解析度監視器的X光設備。這項設備需要兩個人來監控通過生產線上的肥皂盒，以保證其中沒有空肥皂盒。無疑，他們是成功的，但是做得很辛苦。

有一家小型日用品公司也遇到了同樣的情況，結果是一名普通雇員用另外一種極其簡單的方法解決了這個問題。他既沒有使用X光監視器，也沒有使用其他昂貴的設備，而是買了一個高功率的便宜工業風扇。他把風扇擺在生產線旁，調到最佳距離和最佳風速。這樣一來，如果是裝進了肥皂的盒子，就會逐一地在風扇前通過；如果是空盒子，便會立即被吹下生產線。

大公司的工程師們工作努力，極盡辛苦，小公司沒有麻煩到工程師，但想出了巧妙簡單的方法。**聰明的人之所以聰明，是因為他們善於把複雜的事情簡單化，愚蠢的人則是把簡單的事情複雜化。**

奧卡姆剃刀法則主張不要把事情複雜化，要抓住問題的根本，才能更有效率地解決問題。學會用簡單的方法做複雜的事情，才能掌握辦事的藝術。當你在做事情的時候，不妨在動手之前先拿「奧卡姆剃刀」來「剃」一下！

托利得定理

別一意孤行，一條道路走到黑

「托利得定理」（Torred Law）指的是：測驗一個人的智力是否屬於上乘，要看他的腦子裡能否同時容納兩種相反的思想，而無礙於其處世行事。這個定理是由法國社會心理學家托利得所提出。

兩種相反思想的共存，說明你能夠聽見不同意見，或是在得知不同意見時不會影響情緒，還會把反對意見認真聽完，並加以分析，在做出決策時，能夠發揮積極的作用。

「托利得定理」認為，能夠在腦海中同時考量兩種截然不同想法的人，是真正的聰明人。

心中同時容納兩件完全不同的事情，並不是人人都可以做到的。一個人如果能同時考慮兩件完全不同的事情，可以讓人的眼界大大拓寬，避免在某條錯誤的道路上「一路走到黑」。否則，一意孤行只會讓你撞上「南牆」。

秦穆公在發動秦晉之戰前，向秦國一位名叫蹇叔的老人諮詢。

蹇叔說：「勞動軍隊去襲擊遠方的國家恐怕不行。軍隊遠征，士卒疲憊，敵國再有所防備，就很難取勝。我看，還是不要去吧！」

秦穆公並沒有聽從蹇叔的勸諫，決定出師東征。

蹇叔得知秦穆公一意孤行的決定，便哭著對主帥孟明說：「孟明啊，我看到軍隊出征，恐怕看不到班師回國了。」

秦穆公為此感到非常生氣，對蹇叔說：「你知道什麼，我看你早該死了！」

然而，戰爭發展果然應驗了蹇叔的話，晉軍在崤山擊敗了秦軍。秦穆公後悔當初沒聽蹇叔的話，但也悔之晚矣。

堅持，是事業成功的主要因素之一。不過，堅持的前提是方向正確，倘若方向錯誤，還一個勁地堅持下去，南轅北轍，就會越走離真理越遠，越走離成功越遠，這種所謂的「堅持」，其實只能叫固執。在生活中分清堅持與固執的區別，該堅持的一定要堅持，百折不撓，不該固執的則應聽人勸，及早回頭，也是人生重要智慧之一。

當你在某一行業兢兢業業卻不得志，還繼續躊躇於現況，停滯不前，實為一種悲哀。面對人生的困境時，不妨跳出原來的圈子，也許前途就會改變。換一個思路，你會有更大的出路！

許多人認為，雖然遇上了許多困難，但只要再堅持一下，成功就會到來。這個看法並沒有錯，但問題在於，如果選擇的道路本身就存在著難以克服的困難，這個時候就不應該再堅持下去，不要一條道走到黑。

一名美國青年無意間發現了一份能將清水變汽油的廣告。這位美國青年喜歡搞研究，滿腦子裡都是稀奇古怪的想法，所以，當他看到水變汽油的廣告時，馬上買來了資料，把自己關在屋子裡終日閉門研究，他拔掉電話線，關掉手機，謝絕見課，切斷了一切與外界的聯繫。他需要絕對的安靜，需要絕對的專心，直到這項偉大的發明成功。

青年夜以繼日地研究，到了廢寢忘食的程度。每天都是母親從門縫裡把三餐飯塞進來。他不准母親進來打擾他。他常常是把兩頓飯合成一頓吃，很多時候都把黑夜當做黎明。善良的母親看見自己的兒子越來越瘦，終於忍不住了，趁兒子上廁所的時候，溜進他的臥室，看了他的研究資料。母親還以為兒子的研究有多偉大，原來是研究水如何變成汽油，這根本是不可能的事情。

母親不想眼睜睜地看著兒子陷入荒唐的泥淖無法自拔，於是勸兒子說：「你要做的事情根本不符合自然規律，別再瞎忙了。」

可這位青年壓根不聽。他頭一昂，回答說：「只要堅持下去，我相信總會成功的。」

五年過去，十年過去，二十年過去……轉眼，那位青年已白髮蒼蒼，父母死了，沒有工作，他只能靠政府的救濟勉強度日。可是他的內心卻非常充實，屢敗屢戰，屢戰屢敗。

一天，多年不見的好友來看他，無意間看到了他的研究計畫，驚愕地說：「原來是你！幾十年前，我因為無聊貼了一份水變汽油的假廣告。後來有一個人向我郵購所謂的資料，原來那個人就是你！」

他聽完這一番話，立刻瘋了，最後住進了精神病院。

對於根本就做不了的事情、永遠都不可能實現的目標，應該儘早地放棄，不要死纏爛打，千萬不要一條道走到黑，這將會使使人深陷在失敗和痛苦中！在人生的道路上，人們常常會為五光十色的理想、曾經的美好而沖昏了頭，以不屈不撓，百折不回的精神去堅持，去爭取！結果卻常常因為一些本來就錯誤的東西而輸掉了自己！

人生很大的煩惱，真的都源自於「想不開」、腦袋打上死結。常言道：「聽人勸，吃飽飯」，多聽一些反對意見，多參考一些不同的觀點，將有助於更全面地作出決定；一意孤行、一條道走到黑的做法永遠不可取。

史密斯原則

以利益為中心，決定競爭或是合作

「如果無法戰勝，就加入到他們。」這是美國通用汽車公司前董事長約翰‧史密斯提出的「史密斯原則」。

競爭使人快速進步，合作讓人得到最多。在競爭中合作，在合作中競爭，建立長期的合作關係，共同分享利益，才能享受雙贏帶來的皆大歡喜。

我們處於一個充滿競爭的社會，競爭是無處不在的。合作與競爭看似水火不相容，其實不然，合作與競爭有許多相通的地方。合作與競爭，可以說伴隨著人類的出現而幾乎同時出現。從原始社會到奴隸社會、封建社會，一直到今日的資本主義社會，合作與競爭不僅沒有削弱、消亡，相反的，隨著時間的推移和社會的進步，合作與競爭的趨勢仍持續增強。而且，隨著人類生存空間的拓展，人際網絡不斷擴大，科技持續發展，合作與競爭的聯繫也正日益加強。

人們常說：「沒有永遠的敵人，只有永遠的利益。」企業之間無論是合作還是競爭，說到底都是為了利益。傳統的企業競爭通常是採取一切可能的手段擊敗競爭對手，將其逐出市場；企業的成功是以競爭對手的失敗和消失為基礎的，「有你無我，勢不兩立」是市場通行的競爭規則。在當今社會中，傳統的競爭方式發生了根本的變化，企業為了自身的生存和發展，需要與競爭對手進行合作，建立戰略聯盟，即為競爭而合作，靠合作來競爭。

一個人的力量總是有限的，如果能夠與同行業的競爭對手合作，則能彌補各自的不足，借對手之力，達到雙贏的局面。

紅頂商人胡雪巖非常注重同行間的合作，他說：「同行不妒，萬事都成」。他做絲綢生意的時候，有幾家已經相當有規模的同業，胡雪巖並沒有傾軋對方，而是設法與他們合作。湖州南海絲業的龐雲繕在絲業行內相當有威望，生意也做得相當之大。胡雪巖為了將自己的絲業做得更大，便尋求對生絲頗為內行的龐雲繕的合作。雙方攜手合作，使得資金更加充足，規模越發宏大，從而在絲業市場上形成了氣候，胡雪巖也得以在華商中把持蠶絲的國際業務。這就是將對手轉化為合作者的典型例子。

當然，與對手的合作是以利益互惠為基礎的，胡雪巖做生意得到了龐雲繕的幫助，反過來，他也向龐雲繕傳授了經營藥業的經驗，後來龐氏在南海開了鎮上最大的藥店——龐滋德藥店，與設在杭州的胡慶餘堂關係密切。實際上，胡雪巖生意的成功很大一部分也得益於同行業人們的真心合作。胡雪巖的每行生意都有極好的合作夥伴，而幾手他的每一個合作夥伴，都對他有很高的評價。所以，仰賴對手，聯合對手的力量非但不會影響到自身的經濟效益，反而可以視對方為靠山，發展和壯大自己的力量，確保自己的事業穩步前進。

在某一個時期，市場總份額是固定不變的。在一個行業內，同行之間由於經營內容的相同，也就意味著要分享同一市場。對同一市場的分享，意味著分享利益，因此同行間的競爭也是必然與難以避免的。於是，為了各自利益，同行間互相忌妒，以至於從忌妒到傾軋，成了同行間的常事。在競爭中，或者一方取勝，另一方被迫稱臣；或者兩敗俱傷，第三者得利，這樣的情況也似乎是人們都認可的市場規律。

但是這樣的局面絕對不是最好的。其實在此之外，還有既不觸動對方利益、又能得利的第三條路可走。胡雪巖走的正是這第三條路。他時時顧及同行的利益，既為別人留餘地，也給自己開財路，保持了穩定的經營，達到了雙贏的局面。

有一句名言：「幫助別人往上爬的人，會爬得最高。」如果你幫助其他孩子爬上了果樹，你也會因此得到你想品嘗的果實，而且你越是善於幫助別人，你能嘗到的果實就越多。它的道理就好比是在分享蛋糕，瓜分的人越多，自然每個人分到的分量就越少，而且難免分量有差異。如果要斤斤計較，還不如聯手製作蛋糕，那麼，只要能不斷地把蛋糕做大，人們就不會為眼下分到的蛋糕太小而倍感委屈了。因為人們知道，蛋糕還在不斷做大，眼前少一些，隨後就可以彌補過來。而且，只要聯合起來，把蛋糕做大了，根本不用發愁能否分到蛋糕。

同行之間存在利益上的競爭，這是無可否認的。但同行之間並非不能合作。如果你能抓住對方和你的共同利益，就能創造出更大的經濟利益。競爭和合作都是相對的，兩者之間存在著人們似乎微妙的聯繫。其實幫助競爭對手，也等於在幫助自己。如果雙方合作能夠皆大歡喜，何樂而不為呢？

卡貝定律

捨得，捨得，有捨才有得

當你努力爭取的事物與目標無關，或者目前擁有的東西已成為累贅，讓你的劣勢大於優勢，此時不如果斷放棄。當你放棄了本不屬於你的東西，你可能會突然發現，你很輕鬆，你有了時間和精力去爭取真正屬於你的東西。

針對這一現象，AT&T公司的前總裁卡貝提出：「放棄有時比爭取更有意義，放棄是創新的鑰匙。」這就是企業經營和生活中都廣泛應用的「卡貝定律」（Cabe law）。

人們常說「捨得，捨得，有捨才有得」。**有時候，要想獲得成功，你必須要學會放棄一些必須放棄的東西，這是取得更多東西的前提，只有懂得取捨的人才能獲得更多的東西**。

狐狸在被獵人的陷阱困住時，會毫不猶豫地咬斷被夾住的腿逃命，捨棄一條腿，換回一條命，這是狐狸的生存之道。人也應該如此，所謂「兩弊相衡取其輕，兩利相權取其重」。趨利避害是人的本能。當現實需要人們抉擇的時候，就要果斷地放棄局部的利益，保存整體利益以減少損失。

有個年輕的建築師苦惱於無法突破前輩們出色的建築設計，他只能跟在大師後面亦步亦趨，這使他感到十分沮喪。於是，他暫時告別了自己熱愛的工作，帶上所有的積蓄，準備遊覽全世界的著名建築。

當他跋山涉水，走過了一個又一個城市，遊覽了一個又一個國家的雄偉建築，最後來到一個無與倫比的輝煌建築——聞名世界的泰姬陵時，他被這絕無僅有的建築迷住了。

他的靈感頓時如同泉湧般，他完成了一個又一個出色的建築設計，從而成為知名度頗高的建築設計師。

人們往往把目光停留在自己缺乏的東西上，拚命地去爭取，完全不管它對自己有沒有用，會不會帶來危機，會不會使自己滿身都是包袱。交戰時，撤退是最難的、是有學問的，如果無法勇敢地做好撤退，或許就會受到致命的一擊。瑞士軍事理論家菲米尼有一句名言：「一次良好的撤退，應和一次偉大的勝利一樣受到獎賞。」

當思路被阻塞時，暫時放棄，換一種方式尋求另一種突破。學會放棄，本身就是一種淘汰，一種選擇，淘汰自己的弱項，選擇自己的強項。放棄不是不思進取，恰到好處的放棄，正是為了更完美的進取。

放棄是人們在生活中時時面對的清醒選擇，只有學會放棄才能卸下人生的種種包袱，輕裝上陣，安然地等待生活的轉機；懂得放棄，才能擁有一分成熟，才會獲得更加充實、坦然和輕鬆。

人們讚賞鍥而不捨的奮鬥精神，但要成就一番事業，放棄和鍥而不捨並不矛盾，魯迅放棄學醫成為文學巨匠，梵谷放棄當傳教士而成了有名的畫家。放棄是對生命的過濾、對追求方式的揚棄，是對自己的重新認識和發現，不學會放棄，就無法成功地跨越生命，駕馭人生。

比爾・蓋茲曾說過一句激勵人心的話：「人生是一場大火，我們每個人唯一可做的，就是從這場大火中多搶一點東西出來。」世界上有幾個人能有這樣睿智的思維呢？人的欲望是無窮無盡的，在過去所取得的成果之上，很少有人放棄那些曾經擁有的鮮花和掌聲。在人生的旅途上，背負著過去的成果和失敗的陰影都是很累的。只有懂得選擇、懂得放棄的人，才能擁有輕鬆愉快的旅程。

人生就像一場旅行，想要擁有的太多，卻總是會失去得更多。背負太多的東西上路，你會疲憊不堪，當你累得再也背負不動那麼多東西的時候，你就不得不放棄所有。與其這樣，不如一開始就果斷地放棄一部分，輕輕鬆鬆地上路，也許沿途你可以有更多美好的收穫。

布利斯定理

事前有計畫，事中不折騰

「布利斯定理」指的是：用較多的時間做好工作的事前計畫，將可縮短這項工作所用的總時間。它是由美國行為科學家艾得·布利斯透過實驗得到的結論。

美國的幾位心理學家曾做過這樣一個實驗：他們找來一些學生，然後把學生分成三組，進行不同型態的投籃技巧訓練。

第一組學生在二十天內每天練習實際投籃，並記錄下第一天和最後一天的成績。

第二組學生和第一組一樣，也記錄下第一天和最後一天的成績，但在此期間不做任何練習。

第三組學生記錄下第一天的成績，然後每天花二十分鐘做想像中的投籃；如果投籃不中時，他們便在想像中作出相應的糾正。

實驗結果表明：第二組的成績沒有絲毫長進；第一組進球率提高了24%；第三組進球率提高了26%。由此，他們得出結論：行動前進行頭腦熱身，構想事情的每個細節，梳理心路，然後把它深深銘刻在腦海中，在行動的時候，便能更加得心應手。

「布利斯定理」告訴人們，計畫是重要的，如果做事情沒有計畫，行動起來必然會是一盤散沙。只有**事前擬好了行動的計畫，把做事的步驟梳理通暢，做起事來才會應付自如**。

《禮記・中庸》中曾說：「凡事豫則立，不豫則廢。」意思是說：無論做什麼事，事先有準備，就能得到成功，不然就會失敗。這裡的準備，就是指計畫。**一個好的計畫是成功的一半，只要認真做好計畫中的每一步，就能一點點地接近自己的人生目標**。

美國的羅伯特・舒樂博士立志要在加州用玻璃建造一座水晶大教堂，他對著名的設計師菲力普・強森說了自己夢想。他說：「我要的不是一座普通的教堂，我要在人間建造一座伊甸園。」

但是羅伯特・舒樂博士的夢想並不是那麼容易實現的，因為教堂最終的預算為七百萬美元。七百萬美元對當時的舒樂博士來說，是一個天文數字，遠遠超過了他的能力範圍和理解範圍。但是羅伯特・舒樂博士並不覺得這是無法實現的，他為這個目標列了一個詳細的計畫：

1.尋找一筆七百萬美元的捐款。

2.尋找七筆一百萬美元的捐款。
3.尋找十四筆五十萬美元的捐款。
4.尋找二十八筆二十五萬美元的捐款。
5.尋找七十筆十萬美元的捐款。
6.尋找一百筆七萬美元的捐款。
7.尋找一百四十筆五萬美元的捐款。
8.尋找兩百八十筆兩萬五千美元的捐款。
9.尋找七百筆一萬美元的捐款。
10.賣掉一萬扇窗，每扇七百美元。

事情就像他預想的那樣，六十天後，舒樂博士以水晶大教堂奇特而美妙的模型打動了富商約翰·可林，獲得了第一筆一百萬美元的捐款。第六十五天，一位傾聽了舒樂博士演講的農夫夫婦，捐出了一千美元。九十天時，一位陌生人被舒樂博士孜孜以求的精神所感動，他寄給舒樂博士一張一百萬美元的銀行支票。八個月後，一名捐款者對舒樂博士說：「如果你的誠意與努力能籌到六百萬元，剩下的一百萬元由我來支付。」

第二年，舒樂博士以每扇五百美元的價格，請求美國人認購水晶大教堂的窗戶，付款的辦法為每月五十美元，十個月分期付清。六個月內，一萬多扇窗全部售出。

一九八〇年九月，歷時十二年，可容納一萬多人的水晶大教堂竣工，成為世界建築史上的奇蹟與經典，也成為世界各地前往加州的人必去瞻仰的勝景。

一個詳細可行的計畫，加上堅持不懈的行動，是實現一個偉大夢想的最佳捷徑，舒樂博士正是依照自己的計畫，最終實現了宏願。

計畫很重要，很多人之所以失敗，很重要的一個原因，就是因為沒有養成「事前有計畫」的好習慣。但是，**計畫固然重要，執行計畫更重要**。訂定了計畫卻不執行，再完美的計畫都會變成一句空話。因為在實際奮鬥的過程中，會碰上意想不到的困難。如果沒有毅力、沒有信心堅持下去，就算是有再遠大的目標、再詳細的計畫都只不過是空談。

成功永遠屬於那些堅持不懈的人，只有事前考慮到所有的可能性，才能在突發事件來臨時臨陣不亂，笑看風雲。當你學會花足夠多的時間去思考和籌劃，制訂一份明確具體可行的計畫，你便擁有了面對所有困難必不可少的法寶。做好計畫，然後切實執行，成功就會在你眼前！

特理法則

發現錯誤，就坦白承認

「特理法則」講的是美國田納西銀行前總經理特理提出的名言：「承認錯誤是一個人最大的力量源泉，因為正視錯誤的人將得到錯誤以外的東西。」

常言道：「人非聖賢，孰能無過」。人生在世，難免會有犯錯誤的時候。**誰都會犯錯誤，關鍵在於面對錯誤的態度**。千萬不要利用各種藉口來推卸過錯，也不應逃避自己應承擔的責任。要想從錯誤中取得教訓，首先必須拋棄找藉口的念頭。

達爾文曾說：「任何改正都是進步。」歌德說：「最大的幸福在於，我們的缺點得到糾正，以及我們的錯誤得到補救。」敢於承認錯誤，汲取教訓，就能以嶄新的面貌去迎接更加激烈的競爭和挑戰。**沒有人能永遠成功，當失敗時，承認錯誤，總結失敗的教訓，往往以後可以借鏡，避免再犯類似的錯誤**。

羅斯福從來不怕承認自己所犯的錯誤。當他在紐約警備團第十八中隊當隊長的時候，就表現出了這種高貴的品性。

曾和他在同一個中隊共事的一名中尉說：「羅斯福帶隊練操的時候，他常在中途喊：『停一下！』」

「他會一邊喊，一邊從褲袋裡拿出教練手冊，當著全體隊員的面，他翻到手冊的某一面，找到他所要找的那一頁，認真閱讀以後，對大家說：『剛才我指揮錯了，這裡應當是這樣做才對。』像他這樣極端誠懇的人實在不多。有時候，對他的這種行為，我們常忍不住笑出聲來。」

羅斯福擔任紐約市市長的時候，他依舊保持了這種品行。當他提出的一項議案，終於在國會中通過，他卻在這時發現自己的判斷是錯的，即使是在這樣的情況下，他仍勇敢而主動地承認了自己的失誤。

「我感到很慚愧，」他當著與會者的面承認：「當我極力贊成這項議案的時候，我當初確實是有一點隱衷的，我不應當這樣做。而我之所以會這樣，部分原因是我的報答之心，這部分是依從紐約人民的意願。」

對就是對，錯就是錯，缺點就是缺點，這是智者的心態和勇者的行為。不敢去面對自己的錯誤，百般掩飾自己的缺點，無疑就像讓蛀蟲在自己身上蛀洞，最後只會把自己送上無法挽回的路。直面自己的缺點，敢於承認錯誤，正可培養自己的優點。

如果失敗已成定局，與其徒勞地自責，不如學會從失敗中吸取教訓。只有在失敗中，才能了解到自身的缺點和弱點，才能最直接有效地知道自己欠缺什麼，然後設法彌補和學習，讓自己不斷成長。從這個角度說，失敗的價值並不比成功來得低。

眾所周知，華爾街的第四大投資銀行，有著一百五十八年歷史的雷曼兄弟控股公司，倒在了美國次貸危機引發的金融風暴裡。據報導，索羅斯把持有的對沖基金投資雷曼兄弟控股公司，因此至少遭受了十二億美元的損失。此外，索羅斯基金管理公司也買入了雷曼兄弟控股公司九百四十七萬股，約占14%的股份。據此推測，索羅斯的損失最多達三十八億美元。

在接受記者採訪的時候，國際投資大師、億萬富翁索羅斯坦誠自己在二〇〇八年的投資策略上犯了大錯。

認錯，是為了總結錯誤的原因，他說：「當我一覺知犯錯，馬上改正，這對我的事業十分有幫助。我的成功，不是來自於猜測正確，而是勇於承認錯誤。」

索羅斯誠懇地表示，他成功的根源不是敏銳的判斷力，而是勇於認錯。這也是大多數人無法取得成功的原因——人們總是害怕犯錯，害怕失敗，只看到其帶給自己的傷害，卻無法吸取教訓，轉化和擴大其正面的價值。

「智者千慮，必有一失。」錯誤和失敗並不可怕，可怕的是人們失去了直視它們的勇氣，最可怕的是缺少從錯誤和失敗中獲得教訓和力量的智慧。**主動承認自己犯下的錯誤確實需要足夠的勇氣，而反省錯誤則不僅需要勇氣還需要智慧**。所以卡耐基說：「只有勇士和智者才能從錯誤和失敗中獲取前進的力量和智慧，然後他們會變得更加勇往直前，更加聰明睿智。」

法國箴言作家法蘭索瓦・德・拉羅希福可說：「風可以把蠟燭吹滅，也可以把篝火吹旺。」當錯誤發生時，隱瞞和遮掩只會讓事情變得更糟，而主動揭示錯誤，以正確的態度反省自己的錯誤，則能夠使我們從中汲取成長的力量。犯錯未必是一件壞事，錯誤可讓我們看到自身的缺點，認識到自己的不足，才能讓自己不斷成長，進而找到成功的方法。

手表定律
目標太多等於沒有目標

只有一個手表，可以知道時間；擁有兩個以上的手表，並不能告訴一個人更準確的時間，反而會製造混亂，會讓看錶的人失去對準確時間的信心。這就是著名的「手表定律」（Watch Law），又稱為「兩隻手表定律」、「矛盾選擇定律」。

「手表定律」帶給人們一種非常直觀的啟示：**對於任何一件事情，不能同時設置兩個不同的目標，否則將使人無所適從**；一個人不應同時抱持兩種不同的價值觀，否則他的行為將陷於混亂。

美國作家愛默生認為：「生活中有一件明智事，就是精神集中；有一件壞事，就是精力渙散。」一個人如果有太多想法，或是要實現的目標太多，將難以集中精神，從而導致精力渙散。**制訂過多的目標將會消耗掉有限的精力，到頭來變得什麼目標都無法實現**。

張超凡是做房地產生意起家的，在自己的努力之下，生意越做越大。他開始不斷向房地產以外的領域擴充發展。最後，就連他自己都不知道自己的事業究竟涉及了多少領域。

終於有一天，他的公司由於過度膨脹，導致了嚴重的資金缺口，資產抵押貸款雖已到期，卻無力償還鉅額債務。他開始反思，逐漸認識到生意失敗的原因就是自己的好大喜功——沒有一個專注的目標，以為天底下沒有自己做不成的事情。他的失敗，就在於想法太多，目標過多，沒有集中精力做好本來應該能做好的重要事情。

張超凡開始重新制定目標，選擇自己最初經營，也是擅長的行業——房地產開發，然後集中精力去做。經過幾年拚搏，他的事業終於有了新的進步。

俗語說得好，「見異思遷，土堆難翻；專心致志，高峰能攀。」做事如果三心二意，無法專心致志，就將一事無成。要做到一心一意，制訂一個目標，就專注朝著目標努力。**想法太多，或是要實現的目標太多的人，跟沒有想法、沒有目標的人，最終是一樣的結果。**

目標過多，會讓人們把過多的時間花費在幻想上，在許許多多的目標之間遊移不定。這樣的幻想過多，就會蒙蔽眼睛，就算是有實現目標的機會，也會眼睜睜地看著它溜走。因為在那個時候，人們無法準確地判斷當下所面對的是否是個機會，而機會就會在人們似是而非的猶豫中溜走。

也許有人會問，為什麼同樣都是有目標的人，有的人成功了，有的人卻失敗了？那是因為在為一件事作準備時，不但要制訂明確的目標，更重要的是要始終專注於這個目標，不能因為其他事情的出現而分散注意力。如果每天都有不同的想法和追求的話，最終只能是一事無成。請謹記這句佳言：**一個好獵手的眼中，只有獵物。**

在一望無際的大草原上，有一位老獵人帶著三個兒子去獵野兔。一切準備妥當時，老獵人向三個兒子提出了一個問題：「你們看到了什麼呢？」

老大回答道：「我看到了我們手裡的獵槍，草原上奔跑的野兔，還有一望無垠的草原。」

老獵人搖搖頭說：「不對。」

老二的回答是：「我看到了爸爸、大哥、弟弟、獵槍、野兔，還有茫茫無垠的草原。」

老獵人又搖搖頭說：「不對。」

而老三的回答只有一句話：「我只看到了野兔。」

這時老獵人才說：「你答對了。」

果然，老三打到的獵物最多。

目標要專一，不能遊移不定。眼中只有獵物的老三能獵到最多的獵物，就是最好的佐證。但事實證明，大多數人都有一個共同的悲哀：無法專注於自己的目標。在實現目標的道路上總是左顧右盼，怎麼能快速到達目的地呢？**成功的大門永遠是向那些專注於一個目標的人敞開的**。有了目標，就有了前進的動力和方向，專注於一個目標，就會將自己的潛能發揮得淋漓盡致，就會加快成功的步伐。

目標就是方向，目標越多，方向就會越多。迷失在過多的方向當中，就永遠也走不出那束縛的牢籠。就像一個獵人一樣，他的槍只對準一個目標，果斷射擊才能打到獵物；如果槍口一會兒瞄向飛鳥，一會兒瞄向走獸，只會讓所有的獵物在槍口逃走，最終空手而回。

> 確定一個目標，不畏艱難，奮勇直前，成功就在前面，努力吧！

Chapter 03

情緒心理學：累的不是生活，而是內心

詹森效應

別被壓力輕易擊垮

在日常生活中，我們經常耳聞名列前茅的學生在高考中失利，實力堅強的運動員在賽場上表現失常而飲恨敗北等等。細細分析，「實力雄厚」與「賽場失誤」之間的唯一解釋，就是心理素質問題，主要原因是得失心過重和自信心不足造成。有些人平時「戰績累累」，卓然出眾，眾星捧月，造成一種心理定勢：只許成功不許失敗，再加上考場、賽場的特殊性，社會、家庭等方面的厚望，使得患得患失的心理加劇，如此強烈的心理壓力困擾著，該如何發揮出應有的水準呢！此種因缺乏自信心而產生怯場心理，而導致潛能發揮被局限的現象，正是「詹森效應」（Johnson's Rule）所帶來的影響。

「詹森效應」主要起源於一名叫詹森的運動員，這名運動員平時訓練有素，實力雄厚，但在體育賽場上卻連連失利，不難看出主要是壓力過大，過度緊張所致。因此便把這種平時表現良好，但由於缺乏應有的心理素質，而導致正式比賽失敗的現象稱為「詹森效應」。

二〇〇八年北京奧運會的賽場上出現了開賽以來最具戲劇性的一幕。在男子五十公尺步槍三種姿勢決賽的最後一輪比賽中，先前表現出色，遙遙領先的美國選手馬修・埃蒙斯在奪冠幾無懸念的情況下，最後一槍居然打出了不可思議的4.4環，總成績落至第四。至於原本排名第三的中國選手邱健憑藉最後一槍，反超過烏克蘭選手0.1環，奇蹟般地獲得了冠軍。

更讓人扼腕痛惜的是，這已經是埃蒙斯第二次在奧運會上功虧一簣。在四年前的雅典奧運會上，埃蒙斯在同一項目中，在同樣絕對領先的情況下，離奇地把最後一發子彈打到了身旁的靶位上，讓中國選手賈占波意外獲得了金牌。北京奧運會埃蒙斯捲土重來，很多人都認為此次金牌之爭是埃蒙斯的復仇之戰，但這一次埃蒙斯卻再次把冠軍拱手送給了中國選手。這個結果顯然讓很多人都沒有意料到，以致各大通訊社都沒能在第一時間出稿，因為他們不得不撤下已經寫好的稿件，重新撰寫文章。

埃蒙斯的失敗並不是他的實力不強，正是「詹森效應」的體現。因此，當一個人受到來自外界的壓力過大時，就可能導致自己的心理變化巨大，從而導致自己的所作所為無法正常發揮。

壓力成為人們心靈的羈絆，如果擺脫不了這個壓力，將難以獲得成功。要想做生活的強者，不被壓力所壓垮，就需要人們把壓力變成動力，沉著冷靜地應對。只有這樣，才能獲得最後的勝利。所以，要勝過別人，首先要戰勝自己，擺脫各種壓力，取得心理優勢。

良好的心理素質在一生中起著關鍵的作用。我們應如何避免「詹森效應」呢？首先，要認清「賽場」，克服恐懼感，「賽場」並不可怕，只是比較正規的場所而已。其次，要平心靜氣地走出狹隘的患得患失的陰影，不貪求成功，只求正常地發揮自己的水準。「賽場」是高層次高水準的較量，同時也往往是心理素質的較量，「狹路相逢勇者勝」，只要樹立自信心，一分耕耘必定有一分收穫。

有壓力才會產生動力，不要輕易讓壓力打跨自己，當我們承受住壓力而奮起反擊時，你將會發現，頭上已經是一片豔陽天！

杜利奧定律
尋找屬於自己的熱情

「一個人如果缺乏熱情，就不可能有所建樹。」作家拉爾夫・愛默生說，「熱情像漿糊一樣，可讓你在艱難困苦的場合裡緊緊地黏在這裡，堅持到底。它是在別人說你『不行』時，發自內心的有力聲音——告訴你『你行』。」

美國自然科學家及作家杜利奧提出：「沒有什麼比失去熱忱更讓人垂垂老矣的了。」這一觀點被人稱之為「杜利奧定律」。心態的積極或消極，決定了其生活是光明還是灰暗。為了能夠準確地預測出樂觀者和悲觀者的情緒特點，心理學家曾做過「半杯水實驗」。

一個人面對半杯水說：「我就剩下半杯水了。」

另一個人則說：「我還有半杯水呢！」

人們很容易看出，這兩個人誰是悲觀者，誰是樂觀者。那個說：「我就剩下半杯水了」的人哀歎於既定的現實，悲傷於那失去的半杯水。悲觀的人，很容易沉浸在過去的挫折與失敗中難以自拔，自然也難讓自己快樂。

那個說：「我還有半杯水」的人，則從另一種角度去看這個問題，他覺得「我還有半杯水，而不是一點水也沒有了。」當他這樣想的時候，自然內心裡是輕鬆和愉悅的。如此對生活充滿熱情的樂觀者，他的內心世界總是充滿光明和希望的。

人與人之間只存在著微小的差異，但就是這些微小的差異累積出了巨大的差異！微小的差異所指的是心態積極或消極，巨大的差異則是成功與失敗。**成功人士的首要標誌，就在於他們有熱情積極的心態。**一個人如果心態積極，樂觀地面對人生，樂觀地接受挑戰和應付麻煩事，他就成功了一半。

熱情是成為一名優秀人士所必須具備的特質，影響著一個人生活的各個層面，這個人表現的是熱情還是冷漠，決定了其在社交方面是被人接受還是排斥。如果能夠保持熱情，別人就會慢慢地接近、接納與信任他。

一九八七年二月八日，亞特蘭大的市民比利．佩恩希望能為亞特蘭大市申辦奧運會。

佩恩把想法告訴了妻子，卻沒有得到妻子的支持。她想讓朋友皮特說服佩恩放棄這瘋狂的念頭，可是皮特卻支持佩恩的想法，還提出了許多建議。

得到朋友的支持後，佩恩把全副心力地投入申奧活動中。接著，他以夢想和熱情說服了亞特蘭大市長加入了申奧的行列，他們組成了申奧九人組。當他們為舉行環市跑爭取市民的支持時，卻被大家奚落，因為大家都認為申奧是不可能的。

當時，他們只能申辦一九九六年奧運會，那是奧運會一百周年紀念，許多人都認為會在希臘舉行，而另一個申辦城市多倫多比亞特蘭大實力高出很多。而且二次大戰之後，奧運會舉辦地從未批准過給第一次申辦的城市。但佩恩堅持自己的夢想，他不斷吸收支持自己想法的人，把所有告訴他「不可能的」專家拋在一邊。由市長衝鋒在前，他們在世界各地向人們宣傳亞特蘭大，每到一處就搞一個「亞特蘭大房舍」，請國際奧會的代表共進晚餐。他們沒有工資和差旅費，他們只是行動著，相信友誼能使夢想成為現實。

終於，經過兩年半的努力，佩恩的熱情終於有了回報，國際奧會打破了所有的傳統和慣例，決定一九九六年奧運會在亞特蘭大舉行。

佩恩的熱情打動了所有的人，所以才能吸引了周圍更多的人幫助他，支持他。無論何時何地，用一顆熱情的心對待別人，你就會得到更多的朋友。相反的，那些對人冷淡者，拒人千里之外的人，人們也會排斥他。請保持你的熱情，你會因此有一個廣泛的交際圈。

熱情是現實生活中不可缺少的一部分，那些對生活和工作投入熱情的人目標明確，總是對生活充滿渴望又精力充沛，能夠始終堅守自己的使命。毫無疑問，這樣的人肯定是生活中的強者。如果你想做生活中的強者，那麼就去尋找、發現和投入屬於你的熱情吧！

羅伯特定理
堅持，才會創造奇蹟

美國史學家卡維特・羅伯特提出：「沒有人因倒下或沮喪而失敗，只有不斷的倒下或消極才會失敗。」後來人們便把這段話稱為「羅伯特定理」。

常言道：「自古雄才多磨難，從來紈絝少偉男。」在人生中，不可能都風雨無阻、一帆風順。當人們遭遇失敗，跌倒在前進的道路上時，是聽任困難壓倒自己，還是心存信念、勇敢地站起來？成功者永遠選擇的是後者，只有堅持，才能創造奇蹟。

人生可以損失的東西很多，卻唯獨不能少了希望。有了希望就有信心；有了信心，就有戰勝困難的勇氣，就會想方設法堅持下去，直至取得成功。

美國作家歐・亨利（O. Henry）在他的小說《最後一片葉子》裡講了一個故事：病房裡，一個生命垂危的病人從房間裡看見窗外的一棵樹，在秋風中，樹葉一片片地掉落下來。

病人望著窗外的蕭蕭落葉，身體也隨之每況愈下，一天不如一天。她說：「當樹葉全部掉光時，我也就要死了。」

一位老畫家得知後，用彩筆畫了一片葉脈青翠的樹葉掛在樹枝上。這最後一片葉子始終沒掉下來。只因為生命中的這片綠，病人竟奇蹟般地活了下來。

一位波斯哲人指出：「黑暗並不可怕，或許，它隱藏著生命之水的源頭；苦難並不是世界末日，有時反而是一種轉機，甚至是成功的契機。」

泰戈爾說：「只有經歷地獄般的磨練，才能淬鍊出創造天堂的力量，只有流過血的手指，才能彈出世間的絕唱，讓人生在苦難中起舞吧！」人之所以能，是因為相信自己能。任何的限制，都是從自己的內心開始的。自己不打倒自己，就沒有人能打倒你。

二〇〇四年九月二十八日，邰麗華在雅典殘障奧運會閉幕式上，帶領中國殘疾人藝術團聾人舞蹈隊表演的《千手觀音》震撼了世界，向全世界展示了燦爛的中華文化，以及特殊藝術與人性之美，為中華民族贏得了榮耀。

在無聲的世界裡，聾啞人舞蹈家邰麗華創造出一種特殊的美麗，給人們帶來純淨至美的藝術享受。邰麗華讓世界的舞蹈都因她而動容，世界上的殘疾人因她而驕傲。她將痛苦掩埋，掩埋在無聲的世界裡，然後用微笑去面對艱難，用堅強去追求夢想。

任何一條走向成功的發展之路，都不會是完全筆直的，都必須走些彎路，都要為成功付出代價。對於那些真正擁有希望，並且為了希望而努力奮鬥的人，即使面對鐵窗石壁也不會悲觀失望。只要堅持走下去，就會看到希望，就會創造奇蹟。

湯瑪斯．愛迪生，對於人生中的挫折抱著執著的精神，使他創造了非凡的成就。在發明電燈的過程中，將每一次失敗視為減少錯誤次數的經驗，所以每一次失敗，都讓他向成功又邁進了一步。

愛迪生的堅忍不拔，在於他知道有價值的事物是不會輕易取得的，如果真的那麼簡單，那麼人人皆可達到成功。在一般人認為早該放棄的時候，他仍繼續堅持，才會發明出許多當時的科學家想都不敢想的東西。

英國首相邱吉爾不僅是一名傑出的政治家，還是一個著名的演說家，他十分推崇面對逆境、堅持不懈的精神。他生命中的最後一次演講，是在一所大學的結業典禮上，演講的過程大約持續了二十分鐘，但是在那二十分鐘內，他只講了兩句話，而且是一樣的兩句話，那就是「堅持到底，永不放棄！堅持到底，永不放棄！」

這場演講成為成功學演講史上的經典之作。邱吉爾用他一生的成功經驗告訴人們：**成功根本沒有什麼祕訣可言，如果真的有的話，就是兩個：第一個就是堅持到底，永不放棄；第二個就是當你想放棄的時候，回過頭來看看第一個祕訣：堅持到底，永不放棄。**

在邁向成功的過程中，堅持的毅力非常重要，面對挫折時，要告訴自己：堅持，再來一次。因為這一次失敗已經過去，下次才是成功的開始。跌倒了，爬起來。只是成功者跌倒的次數比爬起來的次數要少一次，平庸者跌倒的次數比爬起來的次數多了一次而已。最後一次爬起來的人被稱為成功者，最後一次爬不起來或者不願爬起來、喪失堅持的毅力的人，就叫失敗者。

只要不放棄，奇蹟就會出現。跌倒並不可怕，可怕的是你跌倒了之後就一直原地趴著不動。壓垮自己的，永遠是最後自己放棄掉的那根稻草。只要不放棄希望，堅持下去，「地獄」也可以變成「天堂」。

巴納姆效應

正確認識自我是終生課業

心理測驗、占星、卜卦算命總是很準，是怎麼辦到的？原來熟悉心理學的「巴納姆效應」，你也做得到。人們常常認為一種籠統的、一般性的人格描述更能準確地揭示自己的特點，心理學上將這種傾向稱為「巴納姆效應」（Barnum Effect）。

「巴納姆效應」是由一位廣受歡迎的著名魔術師肖曼・巴納姆所提出。他在評價自己的表演時，表示他受歡迎的祕訣在於「永遠要讓每個觀眾都感覺自己若有所獲」，即他的節目裡包含了所有人都喜歡的成分，因此能使每分鐘都有人「上當受騙」。

「巴納姆效應」又稱「福勒效應」（Forer Effect），它最早是由心理學家伯特倫・福勒於一九四八年透過實驗證明的。他在給一群人做完一項人格測試後，拿出兩份結果：一份是參加者自己的結果，另一份是多數人的回答平均起來的結果。讓參加者判斷哪一份是自己的結果。結果多數的參加者認為後者更準確地表達了自己的人格特徵。

在生活中，隨處可以看到「巴納姆效應」。我們經常會受到周圍資訊的暗示，從而迷失其中，並把他人的言行做為自己行動的參照。一個典型的證明，就是人們的從眾心理：人們在認識自己的過程中，容易受到來自外界資訊的暗示，從而出現自我知覺的偏差。在日常生活中，人們既不可能每時每刻地反省自己，也不可能總把自己放在局外人的角度來觀察自己。正因為如此，所以**我們總是會借助外界資訊來認識自己，使得自己往往無法正確地認識自己**。

這是一個真實的故事，在一九四〇至一九五〇年代，在一個道德嚴謹的村落，有這樣一個小女孩。也許是生活艱苦的緣故，每一個人都顯得十分強悍而有生命力。只有她恰恰相反，從小在家裡就極端怯懦，有時寧可被別人嘲笑，也不肯輕易出門。小時候，四個兄弟姐妹一聽到爸爸下班的腳踏車聲，就會興高采烈地跑到院子裡，纏著爸爸要一些粗糙的糖果。有時候數量不夠，站在後面的伸出手來，總是落得一場空，而那個落空的總是她。她的狀況讓父母非常擔心，他們經常在她面前歎氣，唸叨著這孩子是如何的不正常。

不正常？她從小聽著，也漸漸相信自己是不正常了。入學年齡到了，她又被送去一個更陌生的環境，和同學相比，她幾乎還處於牙牙學語的階段。其他同學很容易地成為可以聊天的朋友，她也很想交朋友，可就是不知道怎麼開口。為了幫她調整心態，父母不得不一次又一次給她轉換學校，但始終沒有太大改觀。

她總是用一些奇怪的字眼來描述一些極其瑣碎的事情，家人聽不懂，同學也搞不清楚，老師甚至認為那只是她的囈語與妄想。

為此，父母沒少帶她去看醫生，最開始的時候，醫生給她的診斷是自閉症；後來，也有診斷為憂鬱症的；再後來，她脆弱的神經終於崩潰了，她住進了長期療養院，又多了一個精神分裂症的診斷。她惶恐著，逃避著，默默地接受各種奇奇怪怪的治療。

醫院的日子是落寞而空虛的，好在醫院裡擺設著一些過期的雜誌。有的是教人如何烹飪裁縫，如何成為淑女的；有的談一些好萊塢影歌星的幸福生活；有的則是寫一些深奧的詩詞或小說。她沒事的時候就讀，反正閒著也是無聊，她索性就開始寫稿投稿到這些雜誌了。

讓人意想不到的是，那些在家裡、在學校，或在醫院裡，總是被視為不知所云的文字，竟然在一流的文學雜誌刊登出來了。

這讓醫生有些尷尬，取消了對她「精神病」的治療。她出院了，並且憑藉著獎學金出國了。後來在最著名的一家醫院，英國精神科醫師經過對她兩年時間的觀察，才慎重地給她開了一張證明為沒有精神病的診斷書。那一年，她已經三十四歲了。她就是紐西蘭著名的女作家法蘭姆珍奈。

一個從小被認為「不正常」的小女孩，被醫生診斷為「精神分裂症患者」，在經過了幾乎半輩子的時光後，終於掙脫了別人言論的樊籠，成為當今紐西蘭最偉大的作家。

由此可見，來自外界的資訊暗示對一個人的影響是多大。認識自己，心理學上叫自我知覺，是個人了解自己的過程。在這個過程中，人更容易受到來自外界資訊的暗示。

每個人的人生都不一樣，但生活的模式卻沒有太多的偏差，總要經歷生老病死、結婚生子等相同的問題，遇到的問題也會類似，所以很容易覺得一些概括性的資訊，可能就是對自己的正確描述。例如，電視劇裡上演的形形色色的故事中，你總是能找到自己的影子。生活就是這樣，萬變不離其宗。早在希臘兩千多年前的石柱上就寫著「認識你自己」。這是一個亙古不變的話題，如果你無法認識自己，只是盲目的依靠別人界定自己，就會被別人主宰你的心情和生活。

「成功時認識自己，失敗時認識朋友」這番話固然有一定的道理，但歸根結柢，人們認識的都是自己。無論是在成功還是在失敗的時候，都應堅持辯證的觀點，在不忽視長處和優點的前提下，認清自己的短處與不足。只有保持一顆恆定淡然的心態，做真實的自己，幸福才會離你更近，成功也才會找上你。

酸葡萄心理和甜檸檬心理
學習一點阿Q精神

《伊索寓言》有這樣一個故事：

饑餓的狐狸看見葡萄架上掛著一串串晶瑩剔透的葡萄，口水直流，想要摘下來吃。看了一會，無可奈何地走了，牠邊走邊安慰自己說：「這葡萄沒有熟，肯定是酸的。」

這個故事的意思是說，有些人能力小，成不了事，就藉口說時機未成熟。隨著時間的推移，人們演繹了這個故事：

秋天來了，果園裡的葡萄成熟了，那一顆顆透亮飽滿的果肉讓狐狸們垂涎欲滴。

第一隻狐狸走到葡萄架下，牠發現葡萄架實在是太高了，根本搆不著。正在牠愁苦的時候，忽然發現不遠處有個梯子。狐狸回想起農夫曾經使用過梯子，於是也學著農夫的樣子爬上去，順利地摘到了葡萄。

第二隻狐狸來到了葡萄架下，牠覺得以牠的個頭這輩子是無法吃到葡萄了。於是心想「別看這個葡萄長得好看，但吃起來肯定特別酸，所以還不如不吃。」於是心情愉快地離開了。

第三隻狐狸站在高高的葡萄架下，心想「既然我吃不到葡萄，別的狐狸肯定也吃不到，如果這樣的話，我也沒什麼好遺憾的了，反正大家都一樣。」

第四隻狐狸同樣搆不到葡萄。牠心想，聽別的狐狸說，檸檬的味道似乎和葡萄差不多，既然我吃不到葡萄，何不嚐一嚐檸檬呢？因此，牠心滿意足地離開，去尋找檸檬了。

狐狸因為吃不到葡萄，而說葡萄是酸的，醜化了得不到的東西；吃不到甜葡萄，只好吃酸檸檬，卻硬說檸檬是甜的，即美化得到的東西。這就是「酸葡萄心理（Sour Grapes）和甜檸檬心理（Sweet Lemon Effect）」，目的是當自己的真正需要無法得到滿足並產生受挫感時，為了消除或減輕內心不安，編造一些「理由」，以此進行自我安慰。

提到自我安慰，最先想到的一定是魯迅先生筆下的阿Q，他的「精神勝利法」早已是家喻戶曉的。

在魯迅先生的《阿Q正傳》裡，阿Q是一個深受封建階級壓迫和剝削的赤貧、地地道道的農村無產者。他上無片瓦，下無寸土，被統治者剝奪得一無所有，連姓名、籍貫都不詳。他沒有家，住在土穀祠裡；也沒有固定的職業，靠打零工維持生活，命運悲慘。他在現實中一次又一次地失敗，可在精神上卻一次又一次地「勝利」。例如，他說自己也姓趙，結果被趙太爺叫去打了嘴巴。可挨打之後，他想的是：「現在的世界太不成話，兒子打老子……」他想到趙太爺這麼一個威風八面的人物，現在竟成了他的兒子，便得意起來。

一方面在現實中處處碰壁，飽嚐辛酸，生活過得一無是處，另一方面又在幻想中自欺自慰，自傲自足，始終保持著一種快樂的心境，這就是阿Q的「精神勝利法」。

一般認為，所謂「阿Q精神」的「精神勝利法」的內涵是：自欺欺人，明明是失敗者，卻硬充是勝利者。但無論任何事都有其兩面性，人們對「阿Q精神」的理解也是在變化的。現在有許多人已經拋棄了它原來的消極含義，將它視為一種單純的精神自我安慰、自我解脫意義上的精神宣洩來理解。從這個意義上來說，學一點「阿Q精神」，還是應該的，而且也是必須的。

遇事不順時，耐心等待或轉換個思維，就能走出情緒的低谷。當你正為某一件事而痛苦的時候，告訴自己，理性地去分析它，為自己排憂解困；當你聽見別人說你是非時，大度地不去計較，不讓流言蜚語影響自己的好心情；當你遭遇打擊時，告訴自己，這是上天賜予你的化了妝的財富。**恰當的自我安慰，會讓人變得自信、堅強，而且明**

智，這就是「阿Q精神」的實質所在。

「阿Q精神」的積極意義，不是逃避現實、自欺欺人，不是麻木不仁、不思進取，也不是懦弱無能、畏縮不前，而是理智地對待已經發生的事情，給自己一個心理空間，放鬆調整、自我統合，進而集中精力，輕裝上陣。這種自我安慰的方法，有利於排解消沉低迷的意志，緩釋緊張焦慮的情緒，平息怒氣怨氣，使心態平和積極。

換一個角度來看「阿Q精神」，也不失為一種為自己心理解圍的良方。面對不開心的事情時，何不積極的善待自己呢？如對於自己擺脫不掉的缺憾，不妨用「阿Q精神」來趕走消極情緒。你會發現，「阿Q精神」很神奇，它能平衡你的心理，讓你保持一個健康快樂的心態。

當你遇事不順的時候，有時需要全力以赴、不怕困難、勇往直前，有時則需要耐心等待、保持沉默，乃至調轉方向，另尋他法。有時，一點點「阿Q精神」確實可以幫助你平穩地渡過心理危機。

冰淇淋哲學
在逆境之中尋找出路

賣冰淇淋必須從冬天開始，因為冬天顧客少，會逼迫你降低成本，改善服務。如果能在冬天的逆境中生存，就再也不會害怕夏天的競爭。同樣，**只有吃過苦的人才知道享受生活的美好**；經歷生死的人才知道生活的安逸是多麼快樂；所以，要想在順境中事業能夠蒸蒸日上，那麼就必須在逆境中經過一番錘煉，這就是由著名企業家王永慶提出的「冰淇淋哲學」。

台塑集團的創始人王永慶在一九四五年投資塑膠業時，當時臺灣對聚乙烯化合物樹脂的需求量非常少，台塑首期年產一百噸，而臺灣年需求量只有二十噸，產生了供大於求的現象，這對台塑打擊很大，幾乎倒閉。面對這一現實，王永慶經過反覆分析研究，最後決定繼續擴大生產。他認為與其守株待兔，不如勇敢創造市場。只有大量生產，才能降低成本，把銷售價格壓下來，從而使產品不受地區限制，吸引更多的顧客。

在將台塑產量擴大六倍的同時，王永慶又創辦了一個加工台塑產品的公司，即南亞塑膠工業公司，專為台塑進行下游加工生產。按王永慶的說法，「當時真是騎虎難下」。經過不斷摸索和總結，台塑和南亞的業務開始好轉，奠定了他在塑膠工業上的基礎。

這件事後，王永慶也領悟到了許多經營訣竅。

他曾說過：「當經濟不景氣時，可能也是企業投資與展開擴展計畫的適當時機。」他認為，凡是在產品滯銷與市場蕭條的時刻，正是企業鍛鍊拚搏的最佳時機。經營者要沉著冷靜，咬緊牙關，提高整體品質，不斷改善企業內部的經營管理，才能降低生產成本，提高企業的競爭力；如有餘力的話，可以擬定一個完善的投資計畫，掌握適當的時機，做有效的前瞻性的投資，化危機為契機。

王永慶說：「賣冰淇淋應該在冬天開業。」其含義就在於冬天賣冰淇淋，生意清淡，必定促使銷售者努力改善經營管理。到了夏天來臨時，就會比其他後來者擁有更多也更明顯的優勢。

正是鑑於這種觀點，王永慶在美國石化企業紛紛倒閉、停工之時，卻到美國德州與建大規模的石化工廠，先後買下兩個石化工廠與八個PVC加工廠。一九八五年，臺灣的經濟極端不景氣，王永慶居然又宣布這是投資的最佳時機，並投資四十七億新臺幣發展資訊電子工業。後來的實踐證明，王永慶的看法確實高人一籌。

在市場競爭中，商業行情有漲有跌，經濟狀況也同樣有繁榮也有蕭條。但是，一個企業要想做大做強，就必須學會把握經濟不景氣時的機會。經濟蕭條時，大多數人都偃旗息鼓了，這反而正是探索機會的理想時機。當經濟再度復甦時，敢於把握冷門機遇的企業將能獲取比以往更多的機會。台塑企業董事長王永慶是在經濟蕭條時把握冷門機遇的傑出代表。

每當夏季一過，冰淇淋就進入冬眠期。然而，如今在春秋季，甚至冬季吃冰淇淋已成為一種時尚，冰淇淋徹底打破了季節的限制，不再是為了解暑而存在的冰品，已轉變為全年無休的時尚消費品。「冰淇淋哲學」帶來的，就是這樣一個道理——**如果在逆境中能夠活得順利，在順境裡一定會表現得更好**。

一位偉人說：「並不是每一次不幸都是災難，早年的逆境通常是一種幸運。與困難進行抗爭，不僅磨礪了我們的人生，也為日後更為激烈的競爭預備了豐富的經驗。」高爾基也曾說過：「苦難是最好的大學。」

事實上，每一位傑出人物的成長道路都不是一帆風順的。他們善於在艱難困苦中向生活學習，磨礪意志，才能在最險峭的山崖上紮根成長為最偉岸挺拔的大樹，昂首向天。柏拉圖說：「人類沒有一件事是值得煩惱的。當克服一次挫折之後，你便提升了一次自我。」逆境和挫折是人生中的寶貴財富，但前提是在逆境之中絕不放棄追求成功的勇氣，否則逆境所帶來的，將只會是實質上的失敗。

英國有一位名為約翰‧克里西的作家，年輕時勤奮寫作，得到的卻是接二連三的沉重打擊：七百四十三封退稿信。在如此打擊下，他又是怎樣自處的呢？

他說：「不錯，我正在承受人們所不敢想像的大量挫折和失敗的考驗。如果我就此甘休，所有的退稿信都變得毫無意義。但我一旦獲得了成功，每一封退稿信的價值全部都將重新計算。」

台灣人氣插畫師「毛毛蟲」說：「**當命運須須要我們成長時，通常就會安排一些不順心的人事物來打擊我們**。」逆境也是最嚴厲最崇高的「老師」，它用最嚴格的方式教育出最傑出的人物。它教育人們要想獲得深邃的思想或取得巨大的成功，就不能害怕苦難和不幸。被不幸的生活造就出的人才，會更深刻、嚴謹、堅忍並且執著。

人生原本就是一個不斷挑戰的過程，每個人都會有遇到逆境的時候。當你無力改變環境時，就應該設法改變自己，讓自己盡可能適應環境。

「大事難事有擔當，逆境順境向前看，臨喜臨怒看涵養，群行群止看眼光。」不因順境而故步自封和狂妄自滿，不因逆境而一蹶不振。境由心生，樂觀的心態，是戰勝逆境的精神動力；積極的行動，是走出逆境的有效途徑。如果你學會了在冬天賣冰淇淋，到了夏天，也不會做不了的生意！

跨欄定理

做一個勇敢的「跨欄者」

一個人的成就往往取決於他所遇到的困難程度。立在你面前的跨欄越高，你跳得也會越高。**當你遇到困難或挫折時，不要被眼前的困境嚇倒，只要勇敢面對，坦然接受生活的挑戰，就能克服困難和挫折，取得更高的成就**。這就是著名的「跨欄定律」（Hurdle Law）。這個定律是由一位名叫阿費烈德的外科醫生發現的。

阿費烈德在解剖屍體時，發現了一個奇怪的現象：那些患病的器官並不如人們想像的那樣糟，相反的，在與疾病的抗爭中，為了抵禦病變，它們往往代償性地比正常的器官機能強。這個發現最早是出自一名腎病患者的遺體。當他從死者的體內取出那個患病的腎臟時，他發現那個腎臟比正常的大，患者的另外一個腎也大得超乎尋常。在多年的醫學解剖過程中，他不斷地發現包括心臟、肺等，幾乎所有人體器官都存在著類似的情況。

因此他撰寫了一篇頗具影響的論文。他認為，患病器官因為和病毒進行抗爭，而使器官的功能不斷增強。假如有兩個相同的器官，當其中一個器官死亡後，另一個就會努力承擔起全部的責任，從而使健全的器官變得強壯起來。

後來他在給美術學院的學生治病時，又發現了一個奇怪現象：那些學生的視力多不如常人，有的甚至還是色盲。他覺得這就是病理現象在社會現實中的再現。他把自己的思維觸覺延伸到更為廣泛的層面，在對藝術院校教授的調查研究中，所獲得的結果與他預測的完全相同。一些頗具成就的教授之所以走上藝術道路，原來大多是受了生理缺陷的影響，缺陷沒有阻止了他們，相反促進了他們走上藝術的道路。

阿費烈德將這種現象稱為「跨欄定律」。這項定律解釋了生活中的許多現象，例如盲人的聽覺、觸覺、嗅覺都要比一般人的靈敏；失去雙臂的人平衡感更強，雙腳更靈巧。所有這一切，彷彿都是被安排好的，如果你不缺少這些，你就無法得到它們。

有時候，困境是上蒼給我們的成功資訊，關鍵是你能否正確地對待和把握。真正的成長，不會是一帆風順，不會是湖水平靜，而是波瀾壯闊，風雨兼程。我們應該感謝那些折磨我們的困境，因為，在折磨的同時也在讓我們成長。

米契爾在經歷了一次意外後，臉因植皮而變得像是一塊調色板，手指沒有了，雙腿變得非常細小，以致無法行動，只能癱瘓在輪椅上。這次的事故，把他六成以上的皮膚都燒壞了，在動了十六次手術後，他仍無法拿起叉子、撥電話，也無法一個人上廁所。

但海軍陸戰隊員出身的米契爾從不認為他被打敗了。

米契爾說：「我完全可以掌控我自己的人生之船，那是我的浮沉，我可以選擇把目前的狀況看成倒退或是一個起點。」六個月之後，他又能開飛機了！

米契爾買了一幢維多利亞式的房子，又在其他地方買了房地產、一架飛機及一家酒吧，和兩個朋友合資開了一家公司，專門生產以木材為燃料的爐子，後來變成佛蒙特州第二大的私人公司。

意外發生後四年，米契爾所開的飛機在起飛時又摔回跑道，把他的十二塊脊椎骨全壓得粉碎，腰部以下永遠癱瘓！也許一個人遇到一次災難，還可以挺過去，但是接連的災難就很可能會把一個人徹底地擊敗。但是米契爾仍不屈不撓，努力使自己做到最大限度的獨立自主。不久，他被選為鎮長，以保護小鎮的美景及環境，使之不因礦產的開採而遭受破壞。後來，米契爾又競選國會議員。

米契爾從來沒有因為自己遭遇這麼多磨難而抱怨生活，相反的，他更加熱愛生活。面貌駭人、行動不便的他開始學划船，贏得了一位姑娘的青睞，並最終與她結婚，同時他也拿到了公共行政碩士，並持續他的飛行活動、環保運動及公共演說。

米契爾說：「我癱瘓之前可以做一萬件事，現在我只能做九千件，我可以把注意力放在我無法再做的一千件事上，或是把目光放在我還能做的九千件事上，告訴大家說我的人生曾遭受過兩次重大的不幸，如果我能選擇不把不幸拿來當成放棄努力的藉口，那麼，或許你們可以用一個新的角度，來看待一些一直讓你們裹足不前的經歷。你可以退一步，想開一點，然後，你就有機會說：『或許那也沒什麼大不了的！』」

米契爾的成功足可以讓身體健康的人汗顏！命運將一道高高的柵欄橫在他面前，他一度跌倒，但他最終重拾自信，成功地成為「跨欄者」。人好比一塊頑鐵，既有優良的品質，又有許多劣根性，它們雜揉在一起，需要在火裡燒、水裡淬，一而再、再而三，又燒又淬，再加上千錘百煉，才能把頑鐵煉成可鑄寶劍的鋼材，鍛鍊出能力。

「困境」可以毀滅人們，但同樣也可以使人們更加強大，對於那些阻擋人們前進的絆腳石，就要把它轉變成邁向成功的墊腳石，關鍵在於如何對待那些苦難、困境、疾病、缺陷，來取一種什麼樣的態度和做法。

生活不是十全十美的。如果不想成為「困境」下的受害者，就要勇敢站起來，敢於去爭當一名「跨欄者」。只要我們自己不打倒自己，就沒有人能夠打倒你。勇敢地跨越生命中的障礙，才能享受美好的生命。

杜根定律
想成功，自信是基礎

杜根是美國橄欖球聯合會前主席，他曾經提出這樣一個說法：強者未必是勝利者，而勝利遲早都屬於有信心的人。這就是心理學中的「杜根定律」。換句話說，自信決定成敗，你若僅僅接受最好的，你最後得到的常常也會是最好的，只要你有自信。

很多時候，人們都在說：「這不太好吧？我哪有這個能力啊？」這類話就是典型缺乏信心的表現。從心理學角度來說，這其實就是一種自我暗示，在潛意識中，悄悄提醒自己無法勝任這份工作。這是一種你在前進中的巨大阻力，更糟的是你尚未意識到它的不良影響。是的，**你也許沒那麼厲害，但你一定要相信自己是一個與眾不同的個體，學會欣賞自己，相信自己**，因為自信才是成功的基石。

很多事情人們不做，並不在於這些事情多麼難做，而在於他們不敢做。其實只要願意去做，並相信自己能成功，就能成功。試看古今中外的成功人士，有幾個覺得自己是天才？他們也是普通人，但是他們都有一個共同的特質，那就是自信！所以你要做的，就是對自己抱持自信心，相信自己！

在體育競技中，自古希臘以來，人們一直試圖達到四分鐘跑完一英里（1.609公里）的目標。為了達到這個目標，人們曾讓獅子追趕奔跑者，也曾讓奔跑者喝過真正的虎奶，但是沒人能實現這一目標。

於是，許多醫生、教練員和運動員斷言：使人在四分鐘內跑一英里的路程，是絕不可能的。因為，我們的骨骼結構不對頭，肺活量不夠，風的阻力又太大，理由很多很多，然而，有一個人卻打破了這個觀點，首先開創了用四分鐘跑完一英里的紀錄，這個人就是羅傑・班尼斯特。更令人驚歎的是，在此之後的一年，又有三百名運動員在四分鐘內跑完了一英里的路程。他們相信自己，因為他們知道，既然羅傑・班尼斯特能做到，他們也能做得到。如果沒有自信，他們不可能創造奇蹟。

美國的哈佛大學進行了一次調查之後指出，**一個人勝任一件事，有85%取決於他的態度，15%取決於他的智力**。如果他自信，事情肯定會辦好。所以一個人的成敗取決於他是否自信，假如這個人是自卑的，那麼自卑肯定會扼殺他的聰明才智，消磨他的意志。

自信的品質對於事業簡直是一個奇蹟。有了它，人的才幹就可以取之不盡，用之不竭；一個沒有自信的人，無論有多大的才能，也不會抓住一個機會。自信所賦予人的光彩永遠都不會因為時間而改變。一個人如果自信，無論他多麼平凡，都會顯得引人注目。因為自信可以變成一種人格魅力，深深地吸引周圍的人。

黃美廉，一位自小罹患腦性麻痺的患者。腦性麻痺奪去了她肢體的平衡感，也奪走了她發聲講話的能力。然而她沒有讓這些外在的痛苦擊敗她內在奮鬥的精神，她用她的手當畫筆，以頑強的生命告訴世人要「活出生命的色彩」。她昂然面對，迎向一切的不可能，終於獲得了加州大學藝術博士學位。

一次她去演講，全場的學生都被她無法控制自如的肢體動作震撼了。

「請問黃博士」，一位學生小聲地問：「妳從小就長成這個樣子，請問妳怎麼看待自己？妳沒有怨恨嗎？」

「我怎麼看自己？」黃美廉用粉筆在黑板上重重地寫下這幾個字。寫完這個問題，她停下筆來，歪著頭，回頭看著發問的同學，然後淡淡一笑，轉身在黑板上龍飛鳳舞地寫了起來：「我好可愛！我的腿很長很美！爸爸媽媽這麼愛我！上帝這麼愛我！我會畫畫！我會寫稿！我有一隻可愛的貓！還有……」

教室裡一片鴉雀無聲，沒有人敢講話。她回過頭來看著大家，再回過頭去，在黑板上寫下了她的結論：「我只看我所有的，不看我所沒有的。」

掌聲響起來，黃美廉傾斜著身子站在臺上，滿足的笑容，從她的嘴角蕩漾開來，一種自信的光輝，照亮了她整個人。

自信能使人的潛能充分發揮，你要勇敢地對自己說：我一定可以的！我不比任何人差！我很棒！然後堅持到最後，那麼你就是最棒的，你就是最優秀的。你就能得到你想要的東西，獲得你想要的成就。

有信心的人從內心便認定自己行，沒有任何畏懼。

對事業懷有信心、相信自己，是獲得成功不可或缺的前提。其他因素也非常重要，但最基本的條件，是激勵自己達成目標的積極態度。那些懷有信念的人遇事不恐懼，也不畏縮，就算曾經稍感不安，最後也都能自我超越。他們能解決任何問題，凡事全力以赴，最終成為偉大的勝利者。他們都有一個神奇的座右銘，那就是「自信」。

韋奇定律

走自己的路，讓別人說去吧

當你有了堅定的看法，但如果有十位朋友持相反意見，你就很難把持己見。這種現象被稱為「韋奇定律」，是由美國加州大學經濟學家伊渥・韋奇提出的。

韋奇定律有以下觀點：

1. 一個人能夠擁有自己的主見是一件極其重要的事情；
2. 確認自己的主見是正確且不是固執的；
3. 未聽之時不應有成見，聽了之後不可無主見；
4. 不怕眾說紛紜，只怕莫衷一是。

你是不是怕與別人不一樣？你是不是怕成為眾矢之的？人們總是害怕自己不符合「大眾標準」，往往承受不住別人一而再，再而三的「指點」，最後不得不對他人的意見妥協。**不要讓別人的閒話而動搖了你的信念**，走自己的路，別人愛說，就讓他說吧！

當你確立了自己的目標，請堅持下去，如果覺得這是自己想要的，就不要在乎別人的看法，努力向前邁進。

卡爾和史丹曾經打賭，卡爾說：「我如果送你一個鳥籠，且掛在你房中最顯眼的地方，我保證你就會忍不住買一隻鳥回來。」

史丹笑了起來，說：「養隻鳥是多麻煩的事情啊！我是不會去做這樣的傻事的。」

卡爾真的去買了一個鳥籠，而且是一個非常漂亮的鳥籠，讓史丹掛在自己房中最顯眼的地方。

過幾天，只要有人一走進史丹的房間，就會忍不住問他：「史丹，你的鳥什麼時候死的，為什麼死了？」

史丹回答：「我從來沒有養過鳥。」

「那麼，你要一個鳥籠做什麼啊？況且是如此漂亮的鳥籠。」人們奇怪地看著他，好像史丹有什麼問題似的，看得史丹自己都覺得自己好像有什麼問題了。就這樣，家中每來一個客人都這麼說，持續不了多久，史丹終於屈服了。

史丹最後去買了一隻鳥，把牠放在那個漂亮的鳥籠裡。因為他知道，這樣比永無止境地向大家解釋「家中為什麼要有鳥籠」要簡單得多。

一些想當然爾的無心推論，不僅會帶給他人生活中的煩惱，而且會對人們的成功造成很大的影響。**在追求成功的道路上，一旦意志不夠堅定，就很容易被這股來自世俗的**

力量引入歧途，讓你與成功擦肩而過。因此，我們應時時刻刻堅持自己的信念。

馬克・吐溫說：「信念達到了頂點，能夠產生驚人的效果。」這句話告訴人們，想要成功，必須從頭至尾保持堅定的信念，唯有信念能讓人不動搖，能讓人支撐到最後一刻。

隨著《哈利波特》風靡全球，作者J.K.羅琳成了英國最富有的女人，她所擁有的財富甚至比英國女王還雄厚。但她也曾有過一段窮困落魄的過去。

J.K.羅琳從小就熱愛英國文學，熱愛寫作和講故事，而且她從來沒有放棄過。大學時，她主修法語。畢業後，她前往葡萄牙發展，和當地的一位記者結婚。不幸的是，婚後，丈夫的凶惡面目暴露無遺，他毆打她，不顧她的哀求，將她趕出家門。

丈夫離她而去，工作沒有了，居無定所，身無分文，再加上嗷嗷待哺的女兒，羅琳變得窮困潦倒。她不得不靠救濟金生活，經常是盡量把女兒餵飽了，她餓著肚子。

但是，家庭和事業的失敗並沒有打消J.K.羅琳寫作的向上精神。她回憶這段過去，說：「或許是為了完成多年的夢想，或許是為了排遣心中的不快，也或許是為了每晚能把自己編的故事講給女兒聽。」她整天不停地寫，有時為了省錢省電，她甚至待在咖啡館裡寫上一天。

就這樣，在育兒及承擔著生活的清苦之間，她的第一本《哈利波特》誕生了，並創造了出版界奇蹟，她的作品被翻譯成三十五種語言，在一百一十五個國家和地區發行，轟動了全世界。

即使她的生活艱難，她也堅信，有一天，她必定會達到事業的頂峰。J.K.羅琳從未遠離自己的信念，並堅持到底，所以她為自己贏得了成功的光環和巨大的財富。她的成功關鍵，在於堅持自己的信念。

人生就是這樣，只要信念在，希望就在。有信念和希望，人生終將輝煌。無論遇到多少阻礙，無論遭受多少艱辛，無論經歷多少苦難，只要一個人的心中有一粒信念的種子。相信總有一天，就能走出困境，讓生命之樹開花結果。

聽取和尊重別人的意見固然重要，但千萬不要用別人的標準給自己貼上標籤。這樣不僅會失去許多可貴的成功機會，有時還會失去自己。在前行的路上，你會聽到各種不同的聲音，肯定的也好，否定的也罷，只要你經過深思熟慮，只要你堅信自己是對的，就請堅定不移地朝前走。要知道，唯有信念能讓你支撐到終點，世上沒有不可能的事，只要你的信念足夠強大！只要你一直堅守你的信念，只要你不停下腳步，就一定可以創造生命的神話。

做自己認為對的事，成為自己想成為的人，無論成敗與否，你都會獲得一種無與倫比的成就感和自我歸屬感。正如但丁的那句豪語：走自己的路，讓別人說去吧！

Chapter 04

經營心理學：
企業不倒閉
真的不可能嗎？

魚子醬定律
別做「丟了黃牛攆蚊子」的蠢事

「魚子醬定律」又稱為「速食定律」，指的是因小失大。關於「魚子醬定律」有這樣一個故事：

有一家餐廳老闆，在金融危機來臨時，他想縮減成本，於是減少了某款三明治裡的魚子醬，減少的分量不多，只有一公克，然後又減少了肉和蛋黃醬的分量。但是那些吃習慣了這道餐點的顧客仍然感覺出了味道的變化，紛紛向這個老闆抗議。結果他的生意就因為這微小的一公克魚子醬，而每況愈下，變得更加清淡了。

一公克魚子醬分量微不足道，但是對餐點的風味影響很大。在許多企業的經營管理工作中，多多少少存在著這種短視的做法。例如，為降低管理費用，培訓部門削減培訓費用，總務部門降低報紙雜誌費用，雖然完成了相關的指標，但是對企業的長期發展卻帶來了一些不良影響；技術部門片面追求降低成本，在沒有進行充分的產品壽命實驗的情況下，就匆忙進行生產，雖然完成了年度部門指標，卻為若干年後產品在使用者處增加了故障的隱患。凡此種種，都提醒人們，**千萬不能因為只顧及眼前利益而忽視了長遠的利益，造成因小失大。**

有一知名大企業，在新員工到職時分發制服套裝，包括西裝、運動衣、短袖衫、領帶等，價值數千元的普通服飾。近年來由於企業管理不善，人員流動率漸高，企業為了節省開支，於是要求每名離職員工必須把制服送洗後再歸還，否則不予辦理離職手續——上百元的洗衣費必須由員工負擔。企業保留這些回收的衣物，日後分發給另一名新到職的員工。這麼一套普通的制服被不同的人穿了又穿，不同氣味在員工的身上來回流轉。直到有一天，企業苛刻的作法被員工無意中發現，引起一片譁然。員工們只要一想到，自己日日貼身穿著的衣服，竟是無數人使用過的舊物便感到不滿，離職的員工則因企業要在他們身上剝削數百元的洗滌費而感到怨恨——有些員工出於報復心理，後續便會刻意取走企業機密；還有一些則是大力散布對企業不利的消息。

有些企業只因為捨不得一點點的小利益，而把自身逼入了絕境。可見，企業運作不能僅考慮眼前微薄的利益，以致「揀了芝麻丟了西瓜」、「丟了黃牛卻撵蚊子」。如今，一些企業的領導人，特別是白手起家的小型企業主，自然而然會將企業的一切視為私有財產。企業每花出去的一分錢、在員工身上多支出的每一筆費用，都好像割了他身上的肉一樣，會讓他坐立不安。這種人的思維習慣往往是希望企業只有收入，不用支出，能省則省。但必須留意省之有道，切勿因小失大！

一家私營企業，員工在中午聚餐時，發現餐廳的紙巾用完了，於是向老闆反映。該老闆脫口而出：「廁所裡面的紙巾還有，你們先湊合著用。」他說這句話不是基於幽默，而是一種無意識的直覺反應——第二天，公司有兩名主力人員辭職走人。一個如此小氣的老闆，沒有員工會認為在此企業工作會有什麼發展前途。

企業的經營者和主管都有著聰明的頭腦，但他們往往都抵擋不住眼前利益的誘惑，不自覺地重複犯下這些因小失大的錯誤，最終得不償失，這能怪得了誰呢？更可悲的是，當損失發生時，很少有人正視錯誤和承擔責任，而是把它視為正常的經營成本，讓相同的蠢事周而復始地反覆發生，嚴重損害了員工的積極向上心和企業的長遠發展。因此要想使企業持續發展，就必須克制住追求短期利益而損害長遠發展的欲望，真正做到在確保長遠發展的前提下兼顧短期利益，這才是企業發展的根本之道。

俗話講：「勿以善小而不為，勿以惡小而為之。」很多有成就的人，並不是天賦非凡，而是在每個細節上都比別人多一些努力和用心，那種「丟了黃牛撵蚊子」的蠢事永遠都不會發生在他們身上。希望你不會動手減少了職場三明治那一公克的關鍵魚子醬！

達維多夫定律

沒有創新就沒有未來

「達維多夫定律」（Davidov's Law）是蘇聯心理學家達維多夫提出的，是指**沒有創新精神的人，永遠都只能是一個執行者**。只有敢走在前面的人，才最有資格成為真正的先驅者。

要想擁有成功的人生以及成功的企業，創新精神正是不可或缺的！這個世界的變化太大，需要張開雙臂，全身心地投入，學會用不同的方式去創造性地思考問題。企業應該意識到，當人們因循守舊時，創造力便會受到抑制。其結果是企業發展大受局限，甚至被淘汰出局。

有人做過一個有趣的實驗：把六隻蜜蜂和六隻蒼蠅裝進一個玻璃瓶中，然後將瓶子平放，讓瓶底朝著窗戶，會發生什麼情況呢？

實驗者觀察到，蜜蜂不停地想在瓶底上找到出口，一直到牠們力竭而死或是餓死；蒼蠅則會在兩分鐘之內，穿過另一端的瓶頸逃逸一空。蜜蜂是由於對光亮的喜愛和堅持，才走上了滅亡之路。蒼蠅則對光亮毫不留意，牠們只顧想辦法逃命，四下亂飛，結果誤打誤撞地碰上了好運氣，最終發現出口，並因此獲得自由和新生。

我們可以從這項實驗看出，企業生存的環境可能突然在正常狀態下變得無法預期，企業中的「蜜蜂」們隨時會撞上無法理喻的「玻璃之牆」，怎麼辦？只有努力創新！創新才會有前途，墨守成規而不思改變，到最後一定會失敗。莎士比亞說：「推陳出新是我的無上訣竅。」很多時候依循傳統並沒有錯，但如果其他方法能發揮更好的作用時，應該怎麼辦？有時就是因為人們欠缺創新，才會陷於平庸。

「達維多夫定律」告訴人們，只有不斷地創造新產品，淘汰舊產品，才能形成新市場和激發人們的購買欲望。市場的競爭是殘酷而迅速的，不要在落伍的產品上消耗時間，也不要對自己的技術「敝帚自珍」，只有創新才會獲得源源生機，才能在市場競爭中脫穎而出。

微軟的崛起，正是由於比爾·蓋茲大膽的創新而發展起來的。當所有人都認為只有硬體才能賺錢的時候，比爾·蓋茲是第一個看到軟體前景的商人，而且「以軟制硬」，把其軟體系統應用到所有的行業或公司。微軟開發的電腦軟體被普遍使用，改變了資訊科技世界，也改變了人類的工作和生活方式。人們把比爾·蓋茲稱為「對本世紀影響最大的商界領袖」一點也不過分。

同樣，世界知名的寶鹼公司，也是因為它的兩個創始人——威廉‧普羅克特和詹姆斯‧甘布爾的偶然談話而發展起來的。當時，他們看到人們習慣於醜陋的黑色肥皂時，萌生了生產潔白肥皂的想法。正是這一想法，從此誕生了一個更有活力的行業，從而改變了人們的生活。

微軟和寶鹼之所以能處處領先，靠的就是創新。只有不斷創新，才能不斷進步。成功者相信夢想，也欣賞清新、簡單，但很有創意的好主意。

創新才是贏得市場的第一要訣，人們不能再像蜜蜂那樣做毫無意義的努力，應該轉變思路，另闢蹊徑。**市場是不斷競爭發展的，如果只知道跟在別人後面，終將會被市場淘汰**。當一個企業擁有了屬於自己的創新思維及目標時，才能有更多的收穫，才能在市場競爭中遊刃有餘。

一個旅遊區有三間酒店比鄰而立，一開始，這三間酒店因為削價競爭，生意都很慘澹，後來兩邊的酒店聯合貸款進行了裝修。相形之下，夾在中間的第三家就顯得低檔了。遊客都奔向兩家煥然一新的酒店。第三家酒店沒有能力貸款重新裝修，老闆就聽從上大學的兒子的勸告，改變了經營思路。

首先，把一樓的海鮮餐廳改為經營風味小吃，理由是，出來旅遊的客人興趣不在海鮮，若能品嘗地方風味小吃才叫過癮。用不著羨慕酒店的豪華菜色，遊客吃膩了大魚大肉，自然會來品嘗風味小吃。在定位上，地方風味口味正宗地道，價格合理。其次，將二樓的舞廳改為住宿套間，意在為遊客提供吃住配套服務。主要是顧及遊客鮮少有精力跳舞唱歌，白天搭車爬山已經很疲勞，多數遊客只想晚上睡個安穩覺，以養足第二天的精神。又在屋頂搞了個露天酒吧，架上了燈光設備營造氣氛，擺上幾張桌子，讓遊客在這裡欣賞夜景，談天說地。準備了各式飲料及點心，讓遊客任意挑選，象徵性收點服務費。如此山野的夜晚，在大都市是難以品味到的。

由於另闢了蹊徑，第三間酒店不僅找到了屬於自己的生存空間，還節約了一筆裝修費用，避免了一場與同行刀光劍影的搏殺。特別是露天酒吧登場後，幾乎夜夜爆滿，從而刺激了酒店的住宿與小吃兩項消費。

如果第三間酒店也和另外兩家一樣花大價錢裝修，它的最後結果肯定是要倒閉的。實際上，促成人類社會進步的一切科技發明，起因都是解決問題過程中的「另闢蹊徑」。例如為了解決如何才能更快速收割小麥的問題。如果僅限於傳統的方法，把鐮刀磨得更快，而不是創造新的方法，聯合收割機將永遠無法問世。

創新是一個民族的不竭動力，更是企業的生命源泉。只有創新，企業才能繼續向前發展。只有遵循「達維多夫定理」，才能使企業保持創新的動力，才有資格做業界的領頭羊。

燈塔效應

為企業設定遠景目標

半個多世紀前，管理大師杜拉克在《管理實踐》一書中，就指出了管理的五大基礎之一，就是制定目標。他認為：管理者要完成的任務必須來源於企業的目標。所有企業都會因目標和獲取目標成果的方式不同而有所不同。如果沒有遠景目標，企業就無法擁有長久的市場競爭力。

一個失去了遠景目標的企業，就沒有了競爭能力。以航海為例，企業將會在經濟迅速發展的時代浪潮中不知何去何從。而遠景目標就如同燈塔一樣，指引著企業這艘航船找到正確的路線。有了「燈塔」，企業就可以排除外界的干擾，抵擋海市蜃樓般的誘惑。在這裡，遠景目標的作用就是「燈塔效應」（Lighthouse Effect）。**設定目標很容易，但真正能夠成功的企業是那些有目標、有勇氣、敢於迎接巨大挑戰的企業**。

任何一個企業，如果沒有成長的願望，沒有了目標，它的資源可能就會分散，人心也就無法往同一處地方聚集，這時企業就很難管理和發展。有了目標，就有了明確的終點線，企業便能清楚地知道目標是否已經實現，員工們也會聚精會神地朝向終點線衝刺。

二〇〇一年，美國的《財富》雜誌公布的世界五百強排名，沃爾瑪公司首次榮登榜首。雖然公司的創始人沃爾頓沒能親眼看到這一成就，但你能想到嗎？這正是他早已為公司設定的遠景目標。

晚年的沃爾頓飽受病痛的折磨，但就在病情迅速惡化的情況下，沃爾頓還為企業規劃著發展目標。一九九二年四月，已離自己死去之日不遠的沃爾頓，為沃爾瑪公司規劃出了要在二〇〇〇年使銷售額達到一千二百五十億美元的目標。這個目標像磁石一樣，吸引著沃爾瑪公司前進。這是沃爾頓留給企業的一座的燈塔，這座燈塔產生了巨大的作用，讓沃爾瑪不斷被吸引著，向前邁進。二〇〇一年，沃爾瑪終於以兩千一百億美元的銷售額，榮登全球五百強榜首，實現了沃爾頓的設想。

經營的重點在決策，決策的中心是戰略。所謂戰略，就是指一個企業的遠景規劃和目標。它會使企業的每一名員工的心都往一處想，勁往一處使。只有明確設立「燈塔」的企業，才不會在商海驚濤駭浪中迷失方向，才會順利遠航。

因此，設立企業遠景目標是企業戰略的一部分。蒙牛乳業曾經以一千萬元人民幣起家，到二〇〇三年底銷售收入超過五十億元人民幣，造就了一個神話。對此，蒙牛乳業董事長牛根生認為，對於發展中的企業來說，做大做強是相輔相成的關係。如果沒有做大的速度，就沒有做強的機會。企業要做大，遠見決定了成敗。他說：「心有多大，牌子才有多大。只有大遠見，才有可能獲得發展的平臺。蒙牛從一千萬元起家，四年時間發展到五十三億元，很重要的是有大目標。當我們確定一個目標後，在變化的市場當中，我們不是修正目標，而是不停地修正手段。一切人力、物力、財力，包括人的思維和情感都向這個目標自動集中。如果不是這樣，蒙牛的發展就不會這麼快。」

可見，一個團隊，一個組織，一個企業，如果沒有遠景規劃、沒有藍圖，就會局限於現有的狀態，不求發展，還會導致人心渙散、效率低下。只有**確定共同努力的方向，勾畫未來發展的藍圖，才能像燈塔一樣，指引著所有人向一個方向努力**。

但需要注意的是，無論為企業制訂了什麼樣的目標，都應該多角度地仔細考慮，而且目標必須是明確的。

前美國財務顧問協會總裁路易斯・沃克在接受記者採訪時，曾在回覆「什麼因素會導致人無法成功」這個問題時，說道：「模糊不清的目標導致人們與成功失之交臂。」他舉例說：我的朋友總希望有一天可以擁有一個小木屋。這其實是一個不清楚的目標。「有一天」是哪天？小木屋建在哪裡？因為不夠明確，所以夢想成真的機會也就不大。我建議他，如果真心希望在山上買一間小木屋，就按如下步驟去做：

1.先找到一座山，找到小木屋的位置；

2.計算出小木屋的價值，算出十年後這棟房子可能值多少錢；

3.然後決定，為了達到這個目標，每月要存多少錢。

如果真的這樣做了，不久的將來，你才有可能真的擁有一棟山上的小木屋，否則小木屋就永遠是一個空想。夢想是愉快的，但如果不採取行動，不按照計畫去執行，那麼夢想充其量是妄想而已。

同樣道理，如果企業管理者整天只是對自己說：「我們要成為世界上最偉大的企業」，卻不清楚具體該怎麼做，那麼他也只是在做夢。

眼光決定目標，而目標又是企業生存、成長的信心和信念。因此一個優秀的企業家，必須是一個戰略家，他必須要面向未來，胸懷全域，才能走向世界。即使一時之間看不到未來，但仍勇於大膽地設想。給企業設立一個遠景的目標吧！在前進中把持方向，才能成功打造出輝煌的企業。

最大笨蛋理論
及時扔掉燙手山芋

「最大笨蛋理論」（Greater Fool Theory）又稱為「博傻理論」，所要揭示的，就是投機行為背後的動機。你之所以完全不管某樣東西的真實價值，即使它一文不值，你也願意花高價買下，是因為你預期有一個更大的笨蛋，會出更高的價格，從你那兒把它買走。例如說，你不知道某檔股票的真實價值，但為什麼你花二十元去買走一股呢？當然是因為你預期有人會花更高的價錢從你那兒把它買走嘍！

「最大笨蛋理論」是二十世紀初，一位叫做凱恩斯的經濟學家給人們留下的極富魅力的「賭經」。凱恩斯曾舉過這樣一個例子：

從一百張照片中，選出你認為最漂亮的臉蛋，如果你選中的和最後的答案一致，就可以獲得大獎。但確定哪一張臉蛋最漂亮，是由大家投票來決定的。

你應該怎樣投票呢？正確的做法不是選自己真的認為漂亮的那張臉蛋，而是猜多數人會選誰，就投誰一票，哪怕她醜得像時下出沒於各種搞笑場合、令人晚上做噩夢的娛樂明星。這就是說，投機行為應建立在對大眾心理的猜測之上，期貨和證券的博弈也是這個道理。

投機行為的關鍵，是判斷是否有比自己更大的笨蛋，只要自己不是最大的笨蛋，就多少會贏得一些利潤。如果再也找不到願出更高價格的更大笨蛋把它從你那兒買走，你就是最大的笨蛋。

始於一七二〇年的英國股票投機狂潮，曾經有這樣一個插曲：一位無名氏創建了一家莫須有的公司。自始至終無人知道這是什麼公司，但認購時卻有近千名投資者爭先恐後把大門擠倒。沒有多少人相信它真正獲利豐厚，而是預期更大的笨蛋會出現，價格會上漲，自己要賺錢。值得一提的是，牛頓參與了這場投機，並且不幸成了最大的笨蛋。他因此感歎：「我能計算出天體運行，但人們的瘋狂實在難以估計。」

投資難免會有風險，該如何看待風險呢？關鍵就是要在風險中找出你所需要的商機，並緊緊地抓住它。在投資市場上，只要你比別人聰明一點，懂得什麼時候進、什麼時候退，就可以獲取利益全身而退。但如果相反的情況，就可能傾家蕩產。

歷史上第一次的投機熱潮源於美麗的花朵。一五九三年，一位維也納的植物學教授到荷蘭的萊頓任教，他帶了鬱金香過去。在此之前，荷蘭人從沒有看見過這樣的植物。教授沒想到荷蘭人對鬱金香如癡如醉，於是認定可以大賺一筆，所以他的售價高到讓荷蘭人想去偷竊。一天深夜，一個竊賊破門而入，偷走了教授帶來的全部鬱金香球莖，並且以很低的價格很快把球莖賣光了。

就這樣，鬱金香被種在了千家萬戶荷蘭人的花園裡。後來，鬱金香受到花葉病的侵襲，病毒使花瓣生出一些條紋圖案的花瓣，或是類似「火焰」的花色。戲劇性的是，這些生病的鬱金香成了珍品，使得越古怪的鬱金香球莖價格越高。於是有人開始囤積病鬱金香，又有更多的人出高價從囤積者那兒買入，並以更高的價格賣出。一個快速致富的神話開始流傳。貴族、農民、修理工、海員、洗衣老婦等先後捲入這個事件。每一個被捲進來的人都相信，會有更大的笨蛋願出更高的價格，從自己這兒買走鬱金香。一六三八年，最大的笨蛋出現了，持續了五年之久的鬱金香狂熱悲慘落幕，球莖價格跌到了一隻洋蔥頭的售價。

任何事物運行都有一定的規律，都有一個極限，超過了這個極限，就成了別的事物。在當今雲譎波詭的市場經濟中要把握一個限度，是每個經營者最應具備的心態。人類總是周而復始地遺忘，從而有規律地進行狂熱的「博傻」！誰都不肯承認自己會是最後一個離場的可憐蟲。所以在投資市場中，總是不停地有「最大笨蛋」出現。投資者的失敗，往往在於自己的貪念——總想獲得更多的利潤，從而讓自己成為「最大的笨蛋」！

無論是企業還是個人，在投資時一定要懂得適可而止，在沒有「下家」的時候，最好要懂得收手，不要成為最後的「下家」。

馬蠅效應
擁有強勢對手是一種福分

再懶惰的馬，只要身上有馬蠅叮咬，牠也會精神抖擻，飛快奔跑。這就是著名的「馬蠅效應」（Horse Flies Effect）。馬蠅效應給人們的啟示是：一個人只有被「叮著咬著」，他才不敢鬆懈，才會努力拚搏，不斷進步。

馬蠅效應給我們的啟示是：一個人或者一個企業，要想擁有更好的發展，就必須受到激勵，就必須有一個競爭對手。有句話說：「一匹馬如果沒有另一匹馬緊緊追趕，牠就永遠也不會想要疾馳飛奔。」同樣的，一個人如果總是怨天尤人，只想坐享其成而不能知難而上，只想機遇垂青而不思拚搏進取，是不會取得進步的。

面對記者追問：「賓士車為什麼飛速進步、風靡世界？」

賓士總裁回答：「因為寶馬將我們攆得太緊了。」

面對同一個問題，寶馬總裁回答：「因為賓士跑得太快了。」

對手就像是你的陪訓員。如果陪訓員的水準高，你的競技水準便能不斷提高；陪訓員的水準越低，你的競技水準自然就越難以提升。

一個企業只有被另一個企業或者行業追趕著，才能在惡劣的環境中調整自我，提高管理水準，積極開發新產品，完善產品售後服務體系。只有這樣，才能讓自己的企業不斷地戰勝對手，超越對手，不斷發展壯大。

在一九六〇至一九七〇年代初期，百事可樂公司為了安身立命，給自己定下了目標：擊敗可口可樂公司。於是他們進行了一系列的措施以及市場的調查研究，推出了切實可行的促銷計畫，逐漸占領了市場的領導地位。

可口可樂公司直到失去自己的市場領導地位後，才如夢初醒，於是馬上進行了一次出色的創新。為什麼呢？因為可口可樂公司新的管理層開始集中精力打敗百事可樂公司，而不僅僅是爭取比過去做得更好。

為了與可口可樂公司的進攻抗衡，百事可樂公司的管理層進一步強化了已經形成的積極進取的企業文化。就這樣兩家公司你爭我鬥，結果創造了歷史紀錄：在接下來的五年中，軟性飲料商品中的創新比以前二十年間的創新還要多，而且兩家公司的市場份額都達到了歷史最高水準。由於良性競爭的原因，促使可口可樂與百事可樂達成了雙贏的局面。

好的對手就應該是強大的，讓你在不得不想方設法超過他之際，讓潛能得到最大的發揮，使能力得以不斷的提升。所以，**當你有一天站在成功之巔，看到滿眼的美景、享受著成功的喜悅的時候，一定不要忘記感激你的對手。**

蒙牛的成功，正是把乳業老大伊利視為對手，而成就了蒙牛。牛根生剛剛創建蒙牛的時候，伊利已經是業界的領先者，所以蒙牛以伊利為對手，把自己排在了「第二」位置上。

一九九九年的愚人節，呼和浩特市人們一覺醒來，看到所有主要街道上鮮艷奪目的紅色路牌廣告——「蒙牛乳業，創內蒙古乳業第二品牌」。蒙牛將自己擺在乳業老大伊利之後，讓人們對這原本名不見經傳的蒙牛留下了深刻的印象，讓大家知道「蒙牛也很大」。於是人們記住了蒙牛，記住了蒙牛是內蒙乳業的第二品牌。

蒙牛甘居「第二」的位置，表面上看是貶低了自己，事實上正是借了內蒙無人不知的大企業伊利的「名」，出了自己的「牌」。這種策略還有一個額外的好處，就是在一定程度上降低了伊利的「敵意」，這對初步涉入市場的蒙牛來說非常重要。

隨著社會的發展進步，企業競爭已越發頻繁和激烈，對手無時不在、無處不有。對手可能是具體的人、具體的實體，也可能是逆境與厄運。若能靜下心來認真思考，或許你將會發現，真正能促使你成功的力量，往往聚積於與對手的競爭之中，這也正是激勵你的動力。

市場中的優勝劣敗如自然界般殘酷無情，只要稍微鬆懈，就會被市場淘汰。因為對手時時刻刻都在關注著你，一旦發現你有什麼缺點、弱勢，他們就會毫不猶豫地痛擊你的弱點。一方面來說，雖然這對你具有一定的威脅性，但從另一方面來看，這也有助於你及時改正缺點，不斷地自我提升。

擁有一個強大的對手，是「福」而不是「禍」！感謝你的對手吧！他就是叮著你的「馬蠅」，正是對手存在，才讓你一刻都不懈怠，始終充滿激情，跑得越快。當這種競爭成為習慣時，你的腳步就不會停歇，企業的車輪就會永遠地滾動向前。

思維定勢效應

別讓經驗成為負擔

所謂思維定勢（Einstellung Effect），就是按照積累的思維活動、經驗教訓，以及既有的思維規律，於反覆使用之間，所形成的比較穩定的、定型化了的思維路線和模式（在感性認識階段又稱做「刻板印象」）。

通俗地講，就是人們在一定的環境中工作和生活，久而久之就會形成一種固定的思維模式，習慣於從固定的角度來觀察、思考事物，並以固定的方式來接受事物。

人們經常會用「已知」來推斷「未知」，這固然是人們認識世界的有效途徑，但若只是簡單重複、不加思考，就只能走進思維定勢的循環。殊不知，經驗有時會是一種負擔，它讓人們變得膽怯。新人因為不知道，所以勇敢，就如初生牛犢不怕虎。然而一些經驗老到的人卻過於謹慎，被自己多年的經驗束縛住了手腳。無數事實證明，經驗通常無可避免地具有局限性。因此，不可讓過去的經驗成為創新思維的障礙物和絆腳石。

美國加州聖地牙哥市的一間老牌飯店，近些年來生意越來越興旺。但由於原先配套設計的電梯過於狹小老舊，已無法適應越來越多的客流。於是，飯店老闆準備改建一個新式的電梯。他用重金請來全國一流的建築師和工程師，請他們一起商討改建事宜。

建築師和工程師的經驗都很豐富，他們討論的結論是：飯店必須新換一部大電梯。為了安裝好新電梯，飯店必須停止營業半年時間。

飯店老闆很為難：「除了關閉飯店半年，就沒有別的辦法了嗎？」老闆的眉頭皺得很緊，「要知道，這樣會造成很大的經濟損失。」

可建築師和工程師們憑著經驗，堅持說：「必須得這樣，不可能有別的方案。」

就在這時候，飯店裡的清潔工剛好在附近拖地，聽到了他們的談話，他馬上直起腰，停止了工作。他望望憂心忡忡、神色猶豫的老闆，和那兩位滿臉自信的專家，突然開口說：「你們那樣做會把這里弄得亂七八糟，要我怎麼收拾？」

工程師瞟了他一眼，不屑地說：「你只知道打掃，還知道什麼？」

「我知道我要是你們，我會直接在屋子外面裝上電梯。」清潔工理直氣壯地說。

「多麼好的方法啊！」工程師和建築師聽了，驚詫得說不出話來。

很快的，這家飯店就在室外安裝了一部新電梯，而它就是建築史上的第一部觀光電梯。

習慣性地認為電梯只能安裝在室內，卻沒有想到電梯也可以安裝在室外，像這樣因循守舊、循規蹈矩的專家比比皆是。問題不在於他們的技術高低、學識多寡、條件優劣，而在於他們突破不了常規的思維方式。

思維定勢有利於常規思考，但對一個企業的經營管理卻會造成阻礙。因為企業需要創新才能生存，所以，**要實現創新，就要努力打破思維定勢**。誠如美國著名企業家福特所說：「人總要受沿襲已久的陳規舊習的支配，這在生活中是允許的，但在企業中是必須排除的惡習。」

毛筆是寫字、繪畫的重要工具，但在這個高科技時代，卻已呈萎縮之勢，使用的人越來越少。有一企業專門生產毛筆，眼看毛筆市場日益萎縮，產品庫存積壓，上上下下都很著急。如何才能打開市場，擴大銷售已經成為刻不容緩的問題，該廠就此困境進行了熱烈的討論。

然而，經過了幾個月，依然找不到圓滿的答案。是不是就真的山窮水盡了呢？就在大家都對企業局面的改觀不再抱希望時，有位員工依然沒有停止思考。終於有一天，他突發奇想：「我們能不能讓不用毛筆的人也買毛筆？」

這位員工的奇想，使大家瞬間開了竅。於是，該廠重新思考經營戰略，將傳統意義上的毛筆改型為紀念筆：以嬰兒胎髮為原料，製作「胎毛筆」；以新婚夫婦的頭髮為原料，製作「結髮筆」；以老年人的頭髮為原料，製作「長壽筆」；此外還開發「闔家歡筆」、「生日筆」、「友情筆」等等。

這一開發策略引起了人們的極大興趣，頓時市場洞開，財源滾滾而來。

在這個世界上，能夠把人限制住的，只有自己。人的思維空間是無限的，也許人們正在被困在一個看似走投無路的境地，也許人們正受限於兩難抉擇之間，這時一定要明白，這種境遇只是因為人們固執的定式思維所致，只要勇於重新考慮，就一定能夠找到跳出困境的出路。

盡信書不如無書，全信經驗不如無經驗。認清常規有時是一種陷阱，經驗不一定就是真理，人們的頭腦應該隨著事物的變換而更新。只有敢於跨過經驗，從思維定勢中走出來，才會有全面的更動。反經驗的良方就是終身學習，不斷更新已有的知識、觀念，善用逆向思維，千萬不要因「經驗」而喪失了機會。只有突破了思維定勢，企業才會踏上一條正常的發展道路。

馬太效應
贏家通吃，商場不相信眼淚

「凡有的，還要加給他叫他多餘；沒有的，連他所有的也要奪過來。」這種典型的現象，被稱之為「馬太效應」（Matthew Effect），簡而言之就是「強者越強，弱者越弱。」

一九六八年，美國科學史研究者羅伯特・莫頓首次提出「馬太效應」，揭示這樣一種社會現象：任何個體、群體或地區，一旦在某一方面獲得成功和進步，就會產生一種積累優勢，就會有更多的機會取得更大的成功和進步。

「馬太效應」在生活中極為常見，例如人們往往關注第一，卻忽視第二，奧運比賽中大家都記住了冠軍，卻忘記了亞軍、季軍；提到世界第一高峰，人們馬上會想到珠穆朗瑪峰，可是有多少人知道世界第二高峰呢？在市場競爭中，領先的企業擁有廣泛的市場資源、先進的策略和良好的執行，透過運作搶占更多的市場份額；小企業由於資源缺乏和自身能力的局限，在市場競爭中逐漸衰弱。

因此，「馬太效應」在企業競爭中顯現得非常強烈：一旦你成為老大，除了你自身所做出的努力之外，許多天賜的優勢和資源就會降臨到你的身上，這個便宜是老大之外的企業所得不到的。**只有足夠強大，才能獲得更多的資源、創造更多的機會，進而更強，成為最終的贏家**。微軟的壟斷地位，為人們提供了理解「馬太效應」的事例。

微軟掌握了個人電腦市場的先機後，不論是DOS系統，還是Windows系統，90%以上的市場份額都收入在微軟的囊中，為它積累了巨大的財富和信譽，形成了今日微軟壟斷的局面。其結果自然是一家歡樂多家愁，影響力不大的產品，即使性能再優秀，也無法與之抗衡。絕大多數硬體、軟體發展商都不會另搞一套與微軟「不相容」的產品或系統，因為那無異於自掘墳墓。換句話說，微軟可以不必考慮與別人相容，而別人一定得考慮是否與微軟相容。

「馬太效應」同樣適用於品牌競爭。某一品牌認知，如果率先在消費者心中建立起來，被冠上「第一」的光環，也會產生「馬太效應」，優勢不斷加劇「裂變」，最終獨霸消費者心智空間，從而形成競爭區隔優勢。

既然這是一個精英者的時代，人們的眼裡自然就只有第一沒有第二；既然只有贏家才能制訂遊戲規則，誰能建立標準規格，或者跟對了贏家的標準規格，誰就是「馬太效應」的獲利者。所以要想盡辦法爭做第一，讓「馬太效應」在自己身上發揮效力，憑實力實現贏家通吃。娃哈哈集團就為人們提供了另一個很好的例子。

多年來，娃哈哈品牌產銷量一直位居中國同行業第一，其總產量約占全國同行業總份額的18%，占全國飲料十強企業總量的近40%。從國際通行標準來說，這樣的份額基本上是屬於「壟斷性占有率」。到現在，「娃哈哈」品牌旗下的三十多個大眾產品均已成為各自系列內的「當紅明星」。娃哈哈的主導產品，如瓶裝水、含乳飲料、八寶粥罐頭，多年來產銷量一直位居全國第一。市場人士稱之為娃哈哈的「贏家通吃」現象。

但是娃哈哈「壟斷地位」的實現卻不是那麼容易。因為這是一個開放的市場——誰都可以做，因此對於娃哈哈而言，難度不僅僅限於此。娃哈哈在最初進入市場時，面臨著大量的競爭對手，但娃哈哈並沒有被這些已有的對手擊倒擊垮，反而後來者居上。在殘酷激烈的競爭中，憑藉其良好的產品定位、品牌延伸以及銷售體系的創新，輔之以先進的生產技術和雄厚的設備實力，終於從基礎上提高了自己的現代化生產能力和生產水準，使娃哈哈具有和國內外企業全面抗衡的強大實力。

做大以後，娃哈哈時刻不忘鞏固優勢地位，把握時機地進行了品牌延伸，使產品品牌上升成為企業品牌。透過品牌延伸，娃哈哈已經推出了三十多個系列產品，它們都已成為拳頭產品，極大地提高了娃哈哈的市場占有率。

對於企業來說，要想在激烈的競爭中保持優勢，要想在市場這個大餅的分配中，占據最有發言權的一席之地，就必須加速發展，把事業做大做強。如果能在某個方面成為領頭者，即使回報率與別人相同，也能更輕易地獲取比弱小的競爭者更大的收益。而若沒有實力迅速在某個領域保持超人的優勢，就要不停地尋找新的發展領域，只有這樣，才能保證獲得較好的回報。總之，**千萬不能停止、等待、觀望和固守，因為別人也許正在覬覦你手中的那錠銀子**。

商場不相信眼淚，不想被別人落在後面，你就要做領頭羊、排頭兵，好好地武裝自己，只有把企業做大做強，才能在市場競爭中保持優勢地位，實現「贏家通吃」。

冷熱水效應
談判制勝的祕密策略

如果讓你將手先放入熱水中，再放入溫水，你肯定會覺得溫水涼；如果先讓你把手放入冷水中，再放入溫水，你肯定會覺得溫水熱。同一溫度的溫水，產生了兩種不同的感覺，這就是「冷熱水效應」。

「冷熱水效應」的產生，是因為人們對於「冷」和「熱」的標準不斷變化所造成。當手放進冷水裡的時候，對於溫度的感知就有了一個標準，比這個標準高的溫度，就是熱的了。反之，當把手放進熱水裡的時候，對於溫度的感知標準就是熱水的溫度，比它溫度低的溫水就是涼水了。其實所感受到的還是一樣的溫水，只是衡量的尺度變了，對事物的認識也就跟著發生變化了。

一架民航客機即將著陸時，忽然接到通知，由於機場擁擠，無法降落，預計降落時間要延遲一個小時。

頓時，機艙裡一片抱怨之聲，乘客們議論著如何度過這難熬的時間。

幾分鐘後，空服員宣布，再過三十分鐘，飛機就會安全降落。乘客們如釋重負地鬆了口氣。又過了五分鐘，空服員再度廣播，宣布飛機正要降落了。雖然晚了十幾分鐘，乘客們卻喜出望外，紛紛拍手相慶。

在這個事例中，機組人員無意之中運用了「冷熱水效應」，當飛機降落後，對於延誤的這個事實，乘客們不但忘了厭煩，反而變得異常興奮了。

在談判桌上也一樣，人們也要學會善於利用這種「冷熱水效應」：**如果想讓對方愉快地接受你的提議，可以在一開始先提出一個要求極高的條件，之後再作出一定的退讓，對方一定會欣然接受。**

高偉和王棟是某大公司的談判高手，這對黃金搭檔一出馬，幾乎沒有談不成的業務，他們深得公司高層和員工的尊重和信賴。

原來，他們兩人深諳「冷熱水效應」之道。一般情況下，總是由高偉事先提出較為苛刻的條件，令對方驚慌失措，一籌莫展，也就是一開始就在心理上把對方壓倒了。當對方感到「山窮水盡疑無路」時，王棟就出場了，他提出了一個折衷的方案，當然，這個方案也就是他們談判的目標方案。面對這個「柳暗花明又一村」，對方便愉快地簽訂了合同。

在這種模式之下，首先會提出一些不利於對方的條件，對方容易在比較之下，認同折衷之後的方案，從而接受。這的確是一種奇妙的談判技巧，由於一開始被潑「冷水」，預設的苛刻條件大大縮小了對方心中的「秤陀」，所以就算最後端出來的即使是盆「溫水」，對方也會覺得相當溫暖。這種談判技巧，在商業洽談中可以發揮深遠的作用。

魯迅先生說：「如果有人提議在房子牆壁上開個視窗，勢必會遭到眾人的反對，窗口肯定開不成。可是如果提議把房頂扒掉，眾人則會相應退讓，同意開個窗口。」魯迅先生的精闢論述，談的就是運用「冷熱水效應」去促使對方同意的技巧。當提議「把房頂扒掉」時，對方心中的「尺度」就會瞬間縮小，對於「牆壁上開個視窗」這個勸說目標，就會慨然應允了。

這些運用「冷熱水效應」的舉動，實質上就是先透過一兩處「伏筆」，縮小對方心中的「標準」，如此一來，「衡量出來的尺度」也就大了。因此，當人們在工作中遇到談判時，面對談判的物件，同樣可以運用這種「冷熱水效應」來達成目的。這時候如果兩個人能夠相互配合，那麼在談判桌上一定無往而不利。

例如，在安排用人時，不妨把最糟糕的情況先說給別人聽，別人有了這個心理準備之後，當最後發現結果並沒有想像中的那麼糟時，反而會覺得慶幸。如此有效利用人們心理的前後反差，便能順利地達到自己的最初目的。

某公司的業務最近擴大了，銷售經理決定讓自己的得力助手李正去郊區的分公司提升業績。可是李正剛剛在市區買了房子，所以要說動他比較難。

經理考慮再三，找到了李正：「公司決定派你去擔任新的重要工作。有兩個地方，你任選一個。一個是某省的分公司，一個是在郊區的分公司。」李正雖然不願離開已經十分熟悉的市區，但也只好在外省和郊區當中選擇一個稍好點的地點——那就是郊區。而李正的選擇，恰恰與公司的安排不謀而合。

如此一來，經理並沒有多費多少唇舌，李正也認為選擇了一項比較理想的工作崗位，雙方滿意，問題解決。

我們有時被現實所迫，得做一些為難別人的事情，這些事都關係著切身利益，處理不好，會使事情陷入僵局，弄得裡外不是人。這時候如果能合理地運用「冷熱水效應」，那麼這些問題解決起來就會變得容易一些。

當你在談判中失敗的時候，仔細想一想，自己是否給對方浸泡了一下「冷水」。但需要注意的是，千萬不要打亂了順序。熟練掌握好「冷熱水效應」，那麼你就是下一個談判桌上的大師！

破窗效應

千里之堤，潰於蟻穴

美國政治學家威爾遜和犯罪學家凱琳共同提出了「破窗效應」理論，他們認為：如果有人打壞了一幢建築物的窗戶，卻未能及時的維修這扇窗戶，別人就可能受到某些暗示性的縱容，進而去打爛更多的窗戶。久而久之，這些破窗戶就給人造成一種無序的感覺。結果在這種公眾麻木不仁的氛圍中，犯罪率就會滋生、增加。

在企業管理中，人們經常有這樣的體會：對於違反企業規章的行為，有關部門如果未能嚴謹地處理的話，這件事就無法引起員工的重視，便會讓類似行為再次甚至多次重複發生；對於工作不講求成本效益的行為，如果管理者本身未能正視，沒有及時糾正員工的浪費行為，問題就會日趨嚴重。

「破窗效應」（Break Pane Law; Broken Windows Theory）給人們的啟示就是：環境具有強烈的暗示性和誘導性，必須及時修好第一扇被打破玻璃的窗戶。在企業管理中，「破窗效應」儼然已經成為一條金科玉律。人們必須要時時警示「破窗效應」，及時糾正剛發生或是正在發生的問題。在企業管理工作當中，必須及時修復第一扇破窗，並嚴查第一個打破有序、製造無序的破窗者，才能警示別人，防患於未然。正所謂**「千里之堤，潰於蟻穴」**，**不堅決堵住第一個蟻穴，天長日久就會釀成更大的禍患。**

有一家規模不大的公司，極少開除員工。有一天，資深車工老王在切割臺上工作了一會兒，便把切割刀前的防護擋板卸下放在一旁。沒有防護擋板，雖然埋下了安全隱患，但收取加工零件會更方便、更快捷一些，況且老王已經有幾十年的工作經驗了。拿掉防護擋板後，老王就可以趕在中午休息之前加工完三分之二的零件了。

不巧的是，老王的舉動被無意間走進車間巡視的主管逮了個正著。主管雷霆大怒，令他立即將防護板裝上之後，又站在那裡大聲訓斥了半天，並聲稱要扣除老王一天的工資。

第二天老王一上班就被通知去見老闆。老闆說：「身為老員工，你應該比任何人都明白安全對於員工和公司都意味著什麼。你今天少完成了零件，少實現了利潤，公司可以換個人換個時間把它們補起來，可你一旦發生事故、失去健康乃至生命，那是公司永遠都補償不起的……」

老王因此而被除名。離開公司時，老王流淚了，在這裡工作了幾年時間，有過風光，也有過小錯，但公司從沒有人對他說不行。可這一次不同，老王知道，這次碰到的是觸及公司靈魂的東西。

在職場上，身為管理者，必須高度警覺那些看起來是個別的、輕微的，但觸犯了公司核心價值的「小過錯」，並堅持嚴格管理。不僅要及時修復好「破窗」，更要嚴厲懲治「破窗者」，即那些違反規章制度的人，因為不及時修好第一扇被打碎玻璃的窗戶，將可能會帶來無法彌補的損失。

每個企業都希望自己在消費者的心目中名列前茅，得到大眾的認可。所以刻意塑造和維護企業在社會公眾中的良好形象，打造良好的產品品牌和服務品牌是每一個企業所必須做到的。因此，對客戶的意見、抱怨、建議等，都應認真對待、及時回饋，一旦發現「破窗」，就應果斷採取危機管理措施，避免「破窗效應」發生，否則，企業難免要為「破窗效應」付出慘重的代價。

世界上許多優秀企業都非常重視「破窗效應」引發的危害，如嬌生、可口可樂等公司在產品出現信譽危機時，就曾大規模地回收產品，並藉由開記者招待會等方式與社會大眾溝通，澄清誤會，以求得社會大眾的普遍信任和同情。

特別是在資訊發達的今天，資訊的高速傳遞有助於企業形象的廣泛傳播，同樣，企業一旦有了「破窗」式的負面消息，傳播速度之快、範圍之廣，也是其他一切傳媒所無法比擬的。因此，當代企業更應慎重，注意自身在各方面的品牌形象，企業管理者亦應謹言慎行，否則，一句不適當的言論立時就會透過互聯網廣為傳播，為企業和個人的形象帶來損害。

沉默不再是金，當「破窗」危機出現時，企業應當在第一時間主動、積極地與外界溝通，真誠地表明企業的態度、信念和看法，不給各種傳言以傳播的機會，消除可能出現的各種誤會。因此，千萬不可小看第一扇被打碎的窗戶，如果沒有及時修補，將可能帶來無法彌補的損失。要知道，千里之堤，可以毀於一個小小的蟻穴，只有建立起良好的防禦，以及修復「破窗」的機制，企業才能立於不敗之地！

Chapter 05

管人心理學：

放手，
其實一點也不難

霍桑效應

讓員工發洩心中的不滿

社會心理學家所說的「霍桑效應」（Hawthorne Effect），就是所謂的「宣洩效應」。霍桑工廠是美國西部電器公司的一家分廠。為了提高工作效率，這個工廠請來包括心理學家在內的各種專家，在約兩年的時間內找工人談話兩萬餘人次，耐心聽取工人對管理的意見和抱怨，讓他們盡情地宣洩出來。結果，霍桑工廠的工作效率大大提高。這種奇妙的現象就被稱做「霍桑效應」。

一個氣球，如果不把裡面的氣放掉，就無法裝在口袋裡。同樣道理，如果員工的心裡裝滿了怨氣，若不想方法讓他說出來，發洩掉那股怨氣，就很難對其進行有效的管理。

有「世界第一CEO」之稱的前美國奇異集團首席執行官傑克・威爾許說：「讓員工把不滿說出來。」實際上這就是一種溝通。透過溝通，可以實現企業內部管理資訊的「對流」。一方面，傾聽員工發自內心的呼聲、意見和建議，便於企業決策層、管理層撤銷不合理的管理辦法，制訂出更加科學合理的制度，提高管理水準。另一方面，聽到來自企業決策層、管理層的準確聲音之後，員工的顧慮、猜疑和不解就會煙消雲散，工作起來心情舒暢，便能把更多的精力投入創新生產技術、提高工作效率上，增強企業競爭實力。

沒有一位管理者，可以把每一件工作都做得非常完美、滴水不漏，總有一些事情處理得不恰當，一些重大決策制訂得不合理，使員工產生了不解或不滿情緒，如果沒有一個能夠讓員工順暢回饋個人意見和建議的平臺，有效地解釋企業內部決策的管道，就容易使員工的不滿和怨氣越積越重，導致企業發生嚴重的管理危機。因此，「讓員工把不滿說出來」是一種化解員工矛盾的明智方法。

當然，「讓員工把不滿說出來」說起來容易，做起來很難。這需要企業管理者態度誠懇，願意傾聽來自基層的不同意見，甚至是批評意見，而不只是做個形式。

通常員工抱怨的重點主要有三類：一是薪資；二是工作環境；三是同事關係。管理者該如何對待並及時處理員工的抱怨呢？

1. **要樂於接受抱怨**。抱怨無非是一種發洩，抱怨需要聽眾，而這些聽眾往往又是抱怨者最信任的人，作為管理者，只要員工願意在你面前盡情發洩抱怨，你的工作就已經完成了一半，因為你已經成功地獲得了他的信任。

2. **盡量了解抱怨的起因**。沒有人會無緣無故地抱怨，員工心存抱怨，就說明企業出現了問題。管理者這時候要盡可能地了解員工抱怨的起因，才能解決問題。

請看下面的例子：

某管理者發現員工的績效有下滑的趨勢，於是問道：「你覺得，與你過去的報告相比較，你的這份業績報告怎麼樣？」

員工：「我這一階段的業績水準是有些下降了。對不起。」

管理者：「嗯，看來你對這一點也不是十分滿意。那麼照你看來，要怎樣做才能扭轉這個局面呢？」

員工：「因為吉姆調到銷售部去了，我就不能像以前那樣得到我需要的資訊。我覺得這一點直接影響了我的業績。」

管理者：「聽起來你好像有些怨氣。」

員工：「我當然有怨氣啦！我的工作表現根本沒有問題。可是缺少了應有的支援，我怎麼可能保持工作成績呢？」

在深入了解真實情況之後，就能夠進入解決問題的階段了。只有搞清楚問題的本質，才能夠找到卓有成效的解決方案。

3.**平等溝通**。事實上許多的抱怨都是針對小事，或者針對不合理不公平，它來自員工的習慣或敏感。對於這種抱怨可以透過與抱怨者平等溝通來解決，先使其平靜下來以阻止住抱怨情緒的擴散，然後再採取有效措施解決問題。

4.**處理要果斷**。一般來說，大部分的抱怨是因為管理混亂造成的，員工個人失職而產生的抱怨只占一小部分。所以規範工作流程、明確崗位職責、完善規章制度等是處理抱怨的重要措施。在規範管理制度時應採取民主、公正、公開的原則，讓員工參加討論，共同制訂各項管理規範，這樣才能保證管理的公正性和深入人心。

「讓員工把不滿說出來」，還能夠提升員工的忠誠度。企業的成功，僅僅依靠員工的外在素質、產品的品牌是遠遠不夠的，整體人員的忠誠度像一隻無形的手，左右著公司業績。企業應透過各種不同形式的溝通方法，採納員工的合理化建議，聽取員工真誠的意見，使管理更加人性化、理性化，讓員工從中看到希望，自發性的強化自身的責任感和使命感。

作為一名管理者，如果無法與員工進行有效的溝通，無法了解員工的需求，就是個不稱職的管理者。一個員工對企業現狀有不滿的時候，正是進行溝通的黃金時機，如果能從員工的不滿中學會管理的「金科玉律」，在抱怨聲中不斷完善管理，必將能夠成長為一名優秀的管理者。

蜂舞法則
管理離不開溝通

世界上沒有一種動物能夠真正單獨生活，牠們會藉由各種方式和同伴相互溝通才能存活。蜜蜂即以「跳舞」為信號，告訴同伴各種資訊，溝通完畢後，一起去採蜜。

奧地利生物學家弗里茨經過細心的研究，發現了蜜蜂「舞蹈」的祕密。蜜蜂的舞蹈主要有「圓舞」和「鐮舞」兩種形式。工蜂回來後，常做一種有規律的飛舞。如果工蜂跳圓舞，就是告訴同伴蜜源與蜂房相距不遠，約在一百公尺左右。工蜂如果跳鐮舞，則是通知同伴蜜源離蜂房較遠。路程越遠，工蜂跳的圈數越多，頻率也越快。如果跳八字形舞，並搖擺其腹部，舞蹈的中軸線跟巢頂的夾角，正好表示蜜源方向和太陽方向的夾角。

這後來被演繹為管理心理學中著名的「蜂舞法則」。蜂舞法則揭示的道理是：資訊是主動性的源泉，管理離不開溝通，只有加強溝通才能改善管理的效果。

松下幸之助有句名言：「企業管理過去是溝通，現在是溝通，未來還是溝通。」因此，管理離不開溝通，溝通已滲透到管理的各個方面。如果沒有溝通的話，企業就會趨於衰亡和倒閉。著名管理學家巴納德同樣認為：「溝通是一個把組織的成員聯繫在一起，以實現共同目標的手段。」有關研究表明：管理中70%的錯誤是由於不善於溝通造成的。由此可見溝通很重要，而管理者具備溝通能力則更重要。

現代的企業決策者，決不是高高在上、不可一世的管理者，要激發員工的工作熱情，並使管理卓有成效，除了溝通別無他途。

在惠普公司，總裁的辦公室從來沒有裝設門，當員工受到頂頭上司的不公正待遇，或是看到公司發生問題時，都可以直接提出，還可以越級反映。這種企業文化使得人與人相處時，彼此都能做到互相尊重，消弭了對抗和內訌。

在摩托羅拉的迎新培訓中，新員工會遇到這樣的一個問題：「如果公司不幸失火，你們怎麼做？」新員工的回答各不相同。

培訓師給新員工的正確答案是：「什麼東西都不要管，只管你自己逃出去，因為人是最重要的。」

在摩托羅拉，力求每一位高級管理階層與基層人員保持平等。所有的員工，甚至包括總裁、副總裁都在同一間餐廳排隊，等候同樣的飯和菜。更能表現摩托羅拉「對人保持不變尊重」個性的，是它的「門戶開放」。所有管理者辦公室的門都是絕對敞開的，任何職工在任何時候都可以直接推門進來，與任何級別的管理者平等交流。

現代企業在人與人之間，部門與部門之間，企業上下級之間，以及其他各個方面之間，特別需要進行溝通，互相理解，互通資訊，如此一來，企業才能在市場競爭中處於優勢地位，員工才能在企業中成長。然而，在現實生活中，人與人之間卻常常隔著一道道無形的「牆」，妨礙彼此的溝通。儘管現代化的通信設備非常先進，但卻無法穿透這種看不見的「牆」。如果溝通的管道長期堵塞，關係不協調，就會影響工作，甚至使企業每況愈下。例如，有的管理者主觀武斷，不接受員工的意見，更聽不得對自己錯誤的批評，這樣就會壓抑員工的積極性和對企業的責任感，員工會變得消極。當企業發生緊急情況，需要全體員工共渡難關時，員工就會無動於衷。所以要管理好現代企業，就需要把「溝通」放在最首位，建立一套成熟完善的溝通系統。

有一家大型公司的總經理非常重視與員工之間的相互溝通與交流，他曾有過一項創舉，即把公司餐廳裡四人用的小圓桌全部換成長方形的大長桌。這是一項重大的改變，因為用小圓桌時，總是四個互相熟悉的人坐在一起用餐，改用大長桌之後，情形就不同了，一些彼此陌生的人有機會坐在一起閒談了，如此一來，設計部的職員就能遇上來自其他部門的行銷人員或者是生產製造工程師，他們在相互接觸中，可以互相交換意見，獲取各自所需的資訊，而且可以互相啟發，碰撞出思想的火花，公司的經營得到了大幅度的改善。

管理溝通是企業的生命線，溝通才有凝聚力。美國著名未來學家奈斯比特曾指出：「未來競爭是管理的競爭，競爭的焦點在於每個社會組織內部成員之間及其外部組織的有效溝通上。」所以說，管理者與被管理者之間的有效溝通是所有管理藝術的精髓。在這樣的時代之下，如果你是一隻不會「跳舞」的蜜蜂，那麼，等待你的，就是滅亡。

權威效應

想管別人，先管好自己

「權威效應」（Appeal to Authority）又稱為「權威暗示效應」，是指一個人要是地位高，受人敬重，那麼他所說的話及所做的事就容易引起別人重視，並容易取信於人，即「人貴言重」。

人們總認為權威人物往往是正確的楷模，認為只要模仿他們，自己就不會出錯，而且也會像權威人物一樣得到各方面的贊許和獎勵，而且比較有安全感。所以人們總是會按照權威人物的要求去做，或是模仿權威人物的行為。這就是人們為什麼總是很容易屈從「權威」，放棄對事物真相的思考和認識。

在企業管理中，管理者也可利用「權威效應」去引導和改變員工的工作態度以及行為，這往往比命令的效果更好。因此，**一個優秀的管理者往往本身就是企業的權威，或者是先為企業培養一個權威，然後利用「權威效應」進行管理**。當然，要樹立權威，就必須要先對權威進行全面深層的理解，才能正確地樹立權威，讓權威保持得更加長久。

榜樣的力量是無窮的，員工總是將管理者視為學習的榜樣。如果身為管理者的你能勝過員工一籌，他們就會由衷地佩服你，向你看齊。

陳鵬是一家雜誌社的攝影部部長，以前他帶領的這個團隊做事總是拖拖延拉，而且經常到了要拍攝的時候才發現東西還沒準備好。陳鵬透過榜樣的力量，讓團隊在極短的時間內發生了很大的改變。

一次，雜誌社要採訪一位企業總裁，陳鵬帶著三個員工去拍攝。他們提前一個小時就來到了約定的地點，事先研究攝影的場所，布置好了背景，架設好了道具，一切準備就緒，就等被訪者的到來。

企業總裁到達後，在不到一個鐘頭的時間裡，陳鵬已照好了一百多張照片，可在雜誌上只需要刊登一兩張。在平均不到三十秒鐘一張的照相速度裡，陳鵬不斷地更換各種顏色的背景，同時還要調整角度、笑容、談話姿勢，等等。一旁的員工們看著陳鵬敏捷熟練的動作，一臉敬佩。

後來員工們還聽說陳鵬曾經從事戰地攝影的工作。為了搶拍一個鏡頭，他常常不得不置身於非常危險的境地。有一次當他正在拍照時，一顆炮彈落在他身旁爆炸，在千鈞一髮之際，他抱著相機滾進壕溝裡。

陳鵬的敬業精神讓一同工作的員工們深受感染，他們從陳鵬身上發現到一名真正的攝影記者該有的模樣。不知不覺間，大家改掉了以前拖拖延拉的毛病，更加從心底熱愛這份工作。陳鵬沒有透過言語，而是透過行動，讓手下的員工變得敬業了。

管理者如果能以身作則、引導員工，往往比命令的效果更好。**一個優秀管理者的作用，遠遠比用條文去規範員工行為的作用要大得多**。

在企業的日常經營與管理中，管理者的一言一行都被員工看在眼裡。管理者怎麼做，員工就會跟著做；管理者怎麼想，員工也會朝著那個方向想。因為管理者在員工心裡是一個正確性的標誌，「主管都那樣做了，那肯定有他的道理。」所以，如果管理者做得好，他在員工心裡就是一個好榜樣；如果做得不好，他就成了員工推卸責任的好藉口。

管理者該怎樣發揮自己的「權威效應」呢？首先，要培養自己的思想魅力；其次，要培養自己的人格魅力；最後，要養成激情與理性共存的風格。

在IT界，馬雲絕對是一個標誌性的人物，他所帶領的「十八羅漢」使阿里巴巴網站連續多年被《富比士》評為世界最佳B2B網站。馬雲在對事業充滿激情的同時，一直保持著一種罕見的理性，這不能不令人肅然起敬。在香港陽光衛視的一檔訪談節目中，當主持人表示「有人說馬雲很聰明」以後，馬雲說：「我覺得我真的不聰明。我從小讀書、玩遊戲都不如別的小朋友。別人把你當英雄，你可千萬別把自己當英雄，那樣可能麻煩就大了。英雄是別人說的，名氣是別人給的……」

一個成功的商店經理總結道：「我必須在做任何事情上，都要為我的下屬樹立高標準的學習榜樣，我對克服一個困難的工作，或者完成一個特定的銷售目標的信心就在於，我作為這商店的經理，我能為我的下屬樹立起效法的榜樣。這就是我百戰百勝的祕訣。我所說所做的一切，都必須顯示出我對一個難度很大的目標一定大獲全勝的信念。如果我顯露出絲毫的猶豫、那肯定會引起大多數雇員的猶豫，乃至失敗的擔心。這樣一來，成功的希望就很渺茫了。樹立一個高標準的信心，是我作為一個經理的工作的一個重要組成部分。我也敢保證，這肯定也會是你的工作的一個重要組成部分，不管你的工作是什麼。」

要當好一名管理者絕不是一件簡單的事，必須培養出個人的威信、樹立好榜樣，讓員工覺得你值得信任、值得學習，願意跟著你做。唯有積極主動地提高個人的能力、培養自己的魅力，才能讓員工忠誠，並心悅誠服地跟隨你。事實就是這樣，如果這件事連你自己都做不好，你該如何要求你的員工去做好呢？

科西納定律

「多多」並不一定「益善」

在管理中，如果實際管理人員比最佳人數多兩倍，工作時間就要多兩倍，工作成本就會多四倍；如果實際管理人員比最佳人數多三倍，工作時間就要多三倍，工作成本就多六倍。人們把這種現象稱之為「科西納定律」（Krishna Harsh Law），是由西方著名管理學者科西納發現的。

管理大師杜拉克舉過一個例子。

他說，在小學低年級的算術入門書中，有這樣一道應用題：「兩個人挖一條水溝要用兩天時間；如果四個人合作，要用多少天完成？」

小學生的回答是「一天」。

杜拉克說，在實際的管理過程中，可能是「一天完成」，可能是「四天完成」，也可能「永遠無法完成」。

「科西納定律」告訴人們：要**想剷除「十羊九牧」的現象，必須精兵簡政，尋找最佳的人員規模與組織規模**。只有這樣才能在管理中建構高效精幹、成本合理的經營管理團隊，並不是人多就好，有時管理人員越多，工作效率反而越差。只有找到最合適的人數，才能得到最佳的管理效果。有一個倉庫管理的故事，完美地詮釋了「科西納定律」。

有一家企業準備淘汰一批落後的設備，於是這個提議被放在董事會上準備決議。

董事會認為，這些設備不能淘汰，以後可能還會派上用場，所以得找個地方存放起來，以備不時之需。於是專門為這批設備建造了一間倉庫。

倉庫建好以後，董事會說：「防火防盜不是小事，應找個看門人。」於是找了個看門人看管倉庫。為了監督看門人的工作，怕看門人不受約束，容易怠忽職守，於是董事會又委派了兩個人，成立了計畫部，一個人負責下達任務，一個人負責制訂計畫。

這時候董事會又說：「我們應當隨時了解工作績效。」於是又委派了兩個人，成立了監督部，一個人負責績效考核，一個人負責寫總結。為了顯示出大家的差距，又成立了財務部，專門負責對這些人進行薪資管理。

等到財務部安頓好了，董事會又提出：「管理沒有層次，出了岔子誰負責？」於是又委派了四個人，成立了管理部。一個人負責計畫部工作，一個人負責監督部工作，一個人負責財務部工作，一個人是總經理，對董事會負責。幾十人建立了層層體系，看管著一堆廢棄材料，如同一個公司。

一年之後，倉庫的管理成本居然是三十五萬元，看到這個觸目驚心的數字，董事會認為太浪費了，於是讓他們一週內必須想辦法解決成本問題。於是，一週之後，看門人被解雇了。

許多企業恐怕都存在這種機構臃腫的弊病。精明的領導者，首先應該考慮的是：這個部門或者這份工作是必要的嗎？如果多餘，應立即砍掉，以免「閒職養閒人」。

在企業管理中，只有最大限度地減少無用的工作時間，降低工作成本，才能達到企業利益的最大化。全球最大零售企業之一——沃爾瑪公司的前總裁山姆・沃爾頓為人們提供了一個很好的案例。

山姆・沃爾頓有句名言：「沒有人希望裁掉自己的員工，但作為企業高層管理者，卻需要經常考慮這個問題。否則，就會影響企業的發展前景。」

沃爾頓深知，企業機構龐雜、人員設置不合理等現象，會使企業官僚之風盛行，人浮於事，從而導致企業工作效率低下。為避免這些問題發生在自己的企業，沃爾頓想方設法，運用最少的人做最多的事，極力減少成本，追求效益最大化。

從第一家零售店開始，沃爾頓就很注重控制公司的管理費用。當大多數企業都會花費銷售額的5%來維持企業的經營管理時，沃爾頓則打算用公司銷售額的2%來維持公司經營！這種做法貫穿了沃爾瑪發展的始終。結果，沃爾頓雇用的員工比競爭對手少，但所做的事卻比競爭對手多，企業的效率當然比對手要高。於是在沃爾瑪全體員工的苦幹下，從一家零售店，發展到了現在的擁有全球兩千多家連鎖店。儘管公司大了，管理成本也提高了，但將管理成本維持在銷售額2%左右的做法卻一直沒變！

沃爾頓認為，精簡的機構和人員是企業良好運作的根本。因此，沃爾頓在遇到麻煩時，並不會像大多數企業那樣，採取增加機構和人員的辦法來解決問題。相反的，他會追本溯源，解聘失職員工和精簡相關機構。他認為，只有這樣才能避免機構重疊、臃腫。

同樣值得一提的是，沃爾頓非常痛恨企業的管理人員為了顯示自己地位的重要，而在自己周圍安插許多人員。他認為，工作人員的唯一職責，就是為顧客服務，而不是為管理者服務。凡是一切與為顧客服務無關的工作人員，都是多餘的，都應該裁撤。他說：「只有從小處著想，努力經營，公司才能發展壯大！」沃爾瑪能有今天的成功，自始至終地堅持低成本運作，這一點功不可沒。

管理者要想讓企業更有效率、更有活力，就必須先給企業「瘦身」。人們常說「多多益善」，但「科西納定律」告訴人們，「多」並不一定好。**企業競爭力的來源在於用最少的工作成本換取最高的工作效率，也就是要求企業必須做到用最少的人做最多的事**。只有機構精簡，人員精幹，企業才能保持永久的活力，才能在激烈的競爭中立於不敗之地。

建構企業管理結構的「金字塔」一樣，每一名員工都是其中的一塊磚，「缺一不可」，但也「多一不可」。

參與定律
讓棋子自己走

「參與定律」（Participant Law）是由美國著名企業家M・K・阿什提出的。他認為：每個人都會支援他參與創造的事物。

美國阿肯色大學教授莫麗・瑞珀特曾做過一個實驗：她將一個公司的員工分成參與組和限制組。參與組的特點是戰略遠景清晰，在制定戰略決策時，員工參與度高，戰略決策被員工高度認同；而限制組的特點是戰略遠景不明確，戰略決策制定的參與度低，戰略決策缺乏認同。

經過一段時間的觀察，她發現，工作滿意度和組織參與度跟企業的參與性文化氛圍密切相關。參與程度高的那一組顯示，對戰略決策的認同，是工作滿意度的最重要因素之一，而對戰略決策的參與，則是影響組織參與度的最重要因素。

在這項研究的基礎上，莫麗・瑞珀特教授得出了這樣的結論：企業如果能夠為員工提供明晰的戰略遠景，加強員工對企業戰略的認同度，並增強員工參與設計戰略流程意識的話，企業將會從中明顯受益。

「參與定律」告訴人們：只有當員工參與了企業的決策和管理後，才能對企業產生最大的認同感和絕佳的滿意度，並激發出員工最大的工作熱情，企業才有可能真正實現利潤的最大化目標。

正是因為員工的參與，才有了「博克」牌洗衣機的誕生。在通用電氣的家電部，有一個專門生產洗衣機的工廠。從一九五六年建廠以來的三十多年間，洗衣機部門經營得非常不好，生產出來的老式產品賣不出去，一九九二年損失了四千七百萬美元，一九九三年上半年又損失了四百萬美元。一九九三年秋，公司決定賣掉這家工廠。

這時候，一個名叫博克的副總裁站了出來說：「這麼多工人怎麼辦？請給我這個機會，我一定要想辦法使公司轉危為安。」博克先生首先召集了二十名員工，讓他們參與公司的決策討論，僅僅用了二十天的時間，向總部提交了一份改革報告，韋爾奇總裁支持了這項建議，馬上批准了七千萬美元預算對企業進行技術改造。

事實上，許多企業的普遍做法是：關鍵決策通常由高層的幾個人制定，然後不管員工是否參與其中或是融入其中，就直接宣布在企業內部推行決策。這樣做的結果，往往導致企業戰略決策難以推行，因為員工的參與才是企業戰略能否貫徹的關鍵。只有參與才是支持的前提。凡是人們最關心的，人們往往也樂於為它操心。

人們在管理中經常強調「無為而治」、「自主管理」，要想達到這一點，管理者就要讓員工參與企業的管理。讓員工參與決策，參與企業規則的制定，才能讓員工感受到自己是一個重要的人，自己所要遵守的是自己參與制定的規則，如此一來，員工在工作中就會自發性地維護企業的規則，不會想去破壞規則。

而且，在執行決策過程中，因為已經對決策有了深刻的了解，就能夠最大限度地節省資源，避免浪費，高效地執行。對於管理者來說，不但得到了最具實用性的資訊，而且不必花費額外的精力，就能夠和員工之間建立起更融洽的關係。所以，讓員工參與企業管理事務，是達成企業和諧的根本所在。

專家們把員工參與的管理方式，稱之為「讓棋子自己走」，認為這種管理方式比傳統的管理方式更能蒐集員工的意見和建議，更能發掘人才，也更能得到對企業決策有價值的資訊，因為員工是管理者決策的最終執行者，對於管理者決策方案的制訂也最有發言權。

當管理者把員工視為有頭腦的、重要的合作夥伴來對待時，員工們就會感受到被尊重，也會打心底深處將管理者視為了解他們心聲的人。管理者在認真聽取員工意見的過程中，還能夠得到一些更具實用性的、從員工在實務操作上總結出來的經驗，這樣做出的決策，將會是更科學的決策。員工參與了決策的制定，就會對決策有深入的了解，不會產生理解錯誤。在執行決策方案時，也會表現出更大的熱情和信心，使方案執行得更徹底、更順利。

在美國的聯合鋼鐵公司裡，員工們有權選擇他們的領導人，有權為工廠採用什麼新的工作方法獻計獻策，有權選擇供應商。「不斷改進」已成為每個員工分內之事。在生產車間，工人和主管聯合組成了生產管理委員會，他們坐在一起討論如何提高品質，如何降低成本，如何把計畫付諸實施。員工提出關於改進工作方法的建議，在短短的十八個月裡，就為公司節省了六百萬美元的開支。

同樣，在美國的通用電氣公司也有一種別出心裁的員工參與式管理方法，就是「一日廠長」制。在這一天裡，「一日廠長」和真正的廠長工作內容是相同的，都是九點上班，先聽取各部門主管彙報，對全廠的營運情況進行全面了解，然後陪同正牌廠長巡視各個部門和車間。在「一日廠長」的工作日記中，詳細記載其工作意見。而各部門、各車間的主管都要依據這些意見隨時改進自己的工作，並須在幹部會上提交改進後的成果報告。各部門、員工提出的報告，必須先由「一日廠長」簽字批准再呈報廠長。「一日廠長」還可向廠長提出自己的意見作為廠長決策的參考。這樣的管理制度為通用電氣公司帶來了顯著的成效，大大節約了生產成本。

「員工參與」式的管理，並不是做表面文章，而是要確實聽取員工的意見和建議，並要對提出建議的員工進行感謝和獎勵。管理者如何對待「自己走的棋子」，對員工來說，是非常重要的。**「棋子」之所以敢「自己走」，是對管理者有充分信任和肯定。只有管理者有開明的作風，能夠聽取員工的意見和建議，員工才有向管理者提出建議的勇氣。**

如果你想讓你的員工更加投入工作，就要讓他們盡情在工作中找到自我。最重要的就是「讓棋子自己走」。如果員工在工作中發揮出了最佳水準，激勵他們的方法，就是在工作中給他們更大的控制權，讓他們覺得自己屬於這一個團體，就好像他們擁有這個企業！

拜倫法則

在信任中授權

美國內陸銀行總裁D・拜倫曾經指出：「授權他人後就完全忘掉這回事，絕不去干涉。」後來人們把這個想法稱為「拜倫法則」。

俗話說：「用人不疑，疑人不用」，作為企業管理者，如果要將某一項任務交給員工去辦，就應充分信任員工能辦好，因為**信任是授權的精髓和支柱，只有充分信任，才能有效授權**。

某些企業的管理者，一方面授權於負責人，另一方面又不放心：一怕他不能勝任，二怕他以後犯錯誤，對有才幹的人，還怕他不服管理。結果一個勁的越權指揮，不僅包辦了負責人的工作，讓被指定的管理者變得越來越被動。

某雜誌曾經以〈你最不喜歡什麼樣的老闆〉為題，向五十位白領徵詢看法，結果蒐集上來一籮筐意見，歷數老闆的種種致命缺點。其中以「驕傲自大」、「剛愎自用」、「不懂得充分授權和信任下屬」被提到的次數最多，超越了對老闆個人能力、管理能力等方面，甚至員工個人利益。是的，沒有信任，又何談授權？一些管理者表面上是把權「授」出去了，可是仍事事監控，或者關鍵的地方不肯放手，這都是不信任的表現，如此的授權，又有什麼實質的意義呢？

不被信任，打擊了員工自信，不自信就會使他們感覺自己不會成功，進而感到自己被輕視或拋棄，從而產生憤怒，厭煩等不良的負面情緒，甚至把自己的本職工作也「晾在一旁」。打個比方，你陪新手去開車，如果你擔心他方向盤掌握得不好或者油門踩得不好，不給他充分授權，這樣他怎麼能把車開上路呢？相反的，在信任中授權對任何員工來說，都是一件非常快樂而富有吸引力的事，它大大的滿足了員工內心的成功欲望，因信任而自信無比，靈感迸發，工作積極度驟增。

古人云：「非得賢難，用之難；非用之難，任之難。」既然指定了管理者，就應該充分地信任他，讓他成為行使獨立權力的負責人，放手讓員工工作，這才是作為優秀的企業領導者授權時所應有的風格。「經營之神」松下幸之助說：「**最成功的統御管理，是讓人樂於拚命而無怨無悔，實現這一切靠的就是信任。**」所以，當企業管理者給下級授權時，應當充分信任下級員工。

在一家中型電腦公司，一名雇員在下班時將擬好的銷售計畫塞在經理辦公室的門把手上，不久，他便被邀去說明情況。

在他進門後，經理開門見山地說：「計畫寫得不錯，就是字體太潦草了。」

這位員工緊張的心放鬆了下來，隨即問道：「這項計畫是不是預算開支較大啊？要不我再與兩個同事一起來修改修改，然後再向您彙報一下。」

經理不等他說完，便打斷了他：「費用問題對於我們公司來說是不大的，我看計畫確實不錯，你要有信心做好，那就去做吧，別讓時機錯過了！」

員工先是大吃一驚，然後信心十足地拿起計畫離開了，大約兩個月以後，這位雇員將優秀的銷售業績擺在經理桌上，進一步談起擴大行銷的策略。

這位經理事後說道：「如果當時我們再去審核、考證，不但貽誤戰機，而且肯定對員工產生心理上的負擔。要知道，牽扯這麼大數目的費用，他再有膽量，也還是要猶豫的，看看，現在不是做成了嗎！給他們留出充分的發揮空間，對我與組織都沒壞處！」

日本松下公司的一位總裁曾說：「用他，就要信任他；不信任他，就不要用他，這樣才能讓下屬員工全力以赴。」用人固然有技巧，但最重要的就是要用人不疑，疑人不用。通常受管理者信任、能放手做事的員工，都會有較強的責任感，無論管理者交代什麼事，都會全力以赴。相反的，如果管理者不信任員工，動不動就指手畫腳，使員工覺得自己只不過是奉命行事的機器而已，事情成敗與他的能力高低無關，因此對於管理者交辦的任務，也不會全力以赴了。

「授權」是管理的重要基礎。

傑克・威爾許對「授權」有著深刻的認識，他說：「過去，我們的管理人員習慣於對員工指手畫腳，指示他們做這做那。『聽話』的員工們按時按量地完成任務，但也不會自覺自願地多做些什麼。自從他們得到授權之後，情況是如此不同。我們常常驚訝於員工主動完成任務的積極性。有那麼多的事情，管理層甚至沒有想到，但是我們的員工不僅替我們想到了，而且還默默地做完了，實現了。」當然，授權並不是完全放手，不聞不問，必須時時了解工作進展，當員工在工作中遇見困難時進行指導，從而提高解決問題的能力。

一個成功的管理者可以定義為：最大限度地利用其員工的能力，並全力支持而不是干涉員工。權力的適當下放，會使權力重心更接近基層，更容易激發員工的工作熱情。大量的實踐證明，管理者抑制自己干涉的衝動，反而更容易使員工完成任務，同時也是發掘員工能力的重要標誌。

管理的目的不是讓自己越來越繁忙，而是越來越輕鬆。平庸的管理者常犯的毛病，對人才想用又不敢重用，想授權又不敢信任，常常充當著一個救火員的角色，疲於奔命。所以一定要大膽放手，給員工一個機會，逐漸培養他們成為企業的棟樑。只有學會授權，才能當一名合格的管理者。

皮格馬利翁效應
別老盯著下屬的錯誤

「皮格馬利翁效應」（Pygmalion Effect）是指：期望和讚美能產生奇蹟。它被總結為：「說你行，你就行，不行也行；說你不行，你就不行，行也不行。」

「皮格馬利翁效應」留給人們這樣一個啟示：讚美、信任和期待具有能量，它能改變人的行為，當一個人獲得另一個人的信任、讚美時，便感覺獲得了社會支持，從而增強了自我價值，變得自信、自尊，獲得一種積極向上的動力，並盡力達到對方的期待，為了避免對方失望，會維持這種社會支持的連續性。所以「皮格馬利翁效應」又稱為「期待效應」，所表達的是：**每一個人都有可能成功，但是能不能成功，取決於周圍的人能不能像對待成功人士那樣愛他、期望他、教育他**。

在企業管理中，「皮格馬利翁效應」告訴人們：要想讓員工取得進步，就不能總盯著他的錯誤。在很多時候，當員工犯了錯誤時，管理者都會嚴詞批評一番。在他們看來，似乎這樣才會起到殺一儆百的作用，才能體現規章制度的嚴肅性。其實，有時過於關注員工的錯誤，尤其是一些非原則性的錯誤，會大大挫傷員工的積極性和創造性，甚至會引發對抗情緒，造成非常惡劣的效果。

所以，**要想讓員工進步，就要懂得寬容**。但寬容並不等於是做「好好先生」，而是設身處地地替員工著想。在批評的同時不忘肯定員工的功績，以激勵其進取心，並有效避免傷害其自尊心和自信心。一個懂得如何顧全員工面子的管理者不僅會使批評產生預期的效果，還能得到員工的大力擁戴。

一向以節儉聞名於世的石油大王洛克菲勒告訴世人，他的成功祕訣不完全只是依靠自己的「吝嗇」，更重要的是他從來不會在員工犯錯之後，只是盯著他們的錯誤大加指責。

有一次，洛克菲勒的一位生意合夥人愛德華・貝佛由於一時大意，在南美經營一樁生意時出了差錯，使公司在一夜之間損失近百萬美元。幾乎所有的人都認為，貝佛一定會遭到洛克菲勒的責備。但在事後，洛克菲勒只是對他說：「恭賀你保全了我們全部投資的60％，棒極了，我們沒有辦法做到每次都這麼幸運。」

一個企業是眾人的集合，有才華出眾者，有能力泛泛者；有八面玲瓏者，也有謹小慎微者，可謂各色人等紛雜不一。對於管理者來說，關鍵就在於：要**用人之長**，**不要棄人之短**，這也正是企業管理者用人的眼光和魅力之所在。現代企業管理科學的管理理念是：一個人的短處是相對存在的，只要善於啟動他某一方面的長處，那麼這個人就可能修正自我，爆發出驚人的工作潛能。

有人說，「善於發現下屬的長處，正是現代企業領導的智慧之一，這是很有道理的。唯有如此，才能充分挖掘企業所有人的工作潛能。」因此，管理者不能總是盯著員工的錯誤。對管理者來說，如果員工做錯了事情，事後的責備並不是最主要的，有時候甚至根本一點用處也沒有，最重要的是心靈的建設。只有不明智的管理者才會隨意地批評、指責和抱怨員工。

通用電氣的傑克．威爾許認為：**管理者過於關注員工的錯誤，就不會有人勇於嘗試**。而沒有人勇於嘗試比犯錯誤還可怕，它使員工故步自封，拘泥於現有的一切，不敢有絲毫的突破和逾越。所以評價員工重點不在於其職業生涯中是否保持不犯錯誤的完美記錄，而在於是否勇於承擔風險，並善於從錯誤中學習，獲得教益。通用電氣能表現出強大的企業活力，與韋爾奇這種對待員工錯誤的方式有莫大的關係。

世界最大機電類公司之一的西門子公司對員工的錯誤也很寬容。西門子（中國）有限公司人力資源總監說：「我們允許下屬犯錯誤，如果那個人在幾次犯錯誤之後變得『茁壯』了，對於公司將會是很有價值的。犯了錯誤就能在個人發展的道路上，不再犯相同的錯誤。」在西門子有這樣一句口號：「員工是自己的企業家。」這種氛圍，使西門子的員工有充分施展才華的機會，只要是創造性的活動，失誤了公司也不會怪罪。

身為企業的管理者，擔負著企業發展的重任。企業的發展和員工的進步是不可分割的。因此，千萬不要老盯著員工的錯誤。如果員工是千里馬，管理者愚笨的駕馭可能使他們連普通的馬都趕不上。反之，管理者是伯樂，就會讓員工最大限度地發揮他們的才智，為企業帶來意想不到的成功和驚喜。

一名優秀的管理者從來不會盯著員工的錯誤而一味地責怪。他會以寬容面對員工的錯誤，將責怪轉換為激勵，化懲罰為鞭策，讓員工在接受懲罰時懷著感激之情，進而達到激勵的目的。每個人都是需要激勵的，有激勵才能產生動力。如果我們能夠在批評下屬的同時給予適當的肯定，將勢必能夠成為一名出色的管理者。

責任分散效應

責任下放，層層落實

「責任分散效應」（Decentralized Responsibility Effect）又稱為「旁觀者效應」，是指對某一件事來說，如果是單一個體被要求單獨完成任務，責任感就會很強，會作出積極的反應。但如果是要求一個群體共同完成任務，群體中的每個個體的責任感就會很弱，面對困難或遇到責任往往會退縮。因為單一個體懂得要獨立承擔責任，後者則只會期望別人多承擔些責任。

俗話說：「人多力量大。」但是有時候人越多，事情越是沒人做。「責任分散」的實質就是人多不負責，責任不落實。

某間辦公室有三位成員，其中辦公室的清掃工作是由王晨負責。最近，辦公室新來了一位同事，王晨就和那位新同事商定兩個人輪流打掃。

又過了幾天，一名大學生也被安排到了這間辦公室。結果在第二天早上，大家來上班時，卻發現地上一片狼藉，大家面面相覷。

原來，王晨和新同事都認為應該由最後來的大學收同事負責，而那位大學生同事卻認為已經有人負責清掃工作了，自己只需要做本職工作就好。結果沒有任何人去打掃辦公室，由此可見，當大家都認為別人會承擔某種責任的時候，就等於沒人承擔責任。

當一個人別無選擇的時候，就必須擔當起所有的責任。但當人們組成一個團隊，集體討論問題的解決方法時，責任就被擴大化了。

每個人都會想：如果出了問題，責任是大家的，不是我一個人的。因此，在企業管理中，管理者在將一項任務交給某個團隊去完成時，一定要指定負責人，如果出了問題，可以直接跟負責人交涉。

伊利集團總裁潘剛說：「責任也是一種能力。」事實上也是如此，**責任能夠讓一個人具有最佳的精神狀態，精力旺盛地投入工作，並將自己的潛能發揮到極致**。最重要的是，責任是由具體崗位或職務上的人來落實的，為了確保企業組織系統高效運轉，就必須把具有落實責任能力的人放到適合的崗位上。大部分管理者的成功，都在於他們選出合適的人去做合適的事，能找到具有落實能力的人。因此，落實責任的能力，就越來越成為企業衡量人才的標準。

「三個和尚沒水喝」的故事誰都看過。當只有一個和尚時，由於生存的需要，沒有逃避的可能性，只有自己去挑水。同樣的道理，當你讓某個人全權負責某項事情，他沒有絲毫推卸的餘地，往往能及時甚至提前完成任務，圓滿解決問題。

而出現三個和尚時，人的惰性和依賴性使得每個人忙於推卸責任，指望別人去承擔義務。這就可以解釋為什麼企業部門成員一多，處理事情的效率和能力反而未能相應提高。例如，當你安排幾個人負責解決一個問題或完成一項任務，其過程可能是張三將任務推給李四，李四又推給王五。結果到了預定時間，許多事情仍然在彼此的推諉中膠著，任務仍然沒有完成。這時，大家可能互相推卸責任，找出種種藉口，互相指責對方。結果，任務可能不得不延期完成，即使完成，效果也很難達到預期要求。

造成這種現象的原因，就是「責任分散效應」的體現：一個人能將責任落實到位，而一個集體卻將責任悄然分解。如果每個人分擔的責任很少，旁觀者甚至可能連他自己的那一份責任也意識不到，從而產生一種「我不去救，由別人去救」的心理，造成「集體冷漠」的局面。

現代企業管理的重大責任，就是謀求企業與員工的雙贏。只有當員工個人心中長存責任感，把企業的事情當成自己的事情，集體的力量才不會被分解，才能充分發揮集體的強大力量，才能把每一項責任都落實到位，才能使企業發展得更好。

身為管理者，你必須要把責任分配到每一個「和尚」的手中。如果不把「打水任務」分配到每一個「和尚」，那麼企業就會被「渴」死。當管理者把任務分配給一個人的時候，就會激發員工的責任感，從而順利地完成任務。責任越明確，工作落實得越好；責任分配得越具體，員工就越容易發揮自己的潛力。

酒與污水定律
及時清除企業內的「爛蘋果」

管理學上一個有趣的定律叫「酒與污水定律」（The Law of Wine and Sewage），意思是一匙酒倒進一桶污水，得到的是一桶污水；把一匙污水倒進一桶酒裡，得到的還是一桶污水。顯而易見，污水和酒的比例，並不能決定這桶東西的性質，真正起決定作用的就是那一匙污水，只要有它，再多的酒都成了污水。

這是一條來自西方的管理定律，在中國，很早就有道理相同的諺語，那就是「一粒老鼠屎壞了一鍋粥」。無論是來自西方的定律，還是中國的諺語，都把有負面影響的始作俑者做了準確的描述：污水和老鼠屎。

「酒與污水定律」告訴人們一個道理，任何一個企業裡，只要有阻礙企業發展的員工，就會像箱子裡的「爛蘋果」一樣，慢慢地腐蝕企業的組織結構，降低企業的運作效率。這時就需要管理者及時將其清理掉。如果不及時處理，就會迅速傳染，讓水果箱裡的其他「好蘋果」也爛掉。

「爛蘋果」的可怕之處，在於它那驚人的破壞傳導力。一個正直能幹的人進入一個混亂的部門可能會被吞噬，一個無德無才者很快就能將一個高效的部門變成一盤散沙。因為破壞總比建設容易。

企業是一個求發展、謀利益的組織，誰阻礙了企業的發展進程，誰就應該被淘汰，這是市場競爭的要求。這就要求企業管理者要有果斷扔掉「爛蘋果」的魄力和勇氣。日本的伊藤洋華堂董事長伊藤雅俊就是這樣一個有魄力的管理者。

伊藤洋華堂以衣料買賣起家，後來進入食品業。因為公司內部缺乏食品管理方面的精通人才，所以伊藤雅俊費盡苦心地從東食公司挖來了岸信一雄。岸信一雄的到來，重整了公司的食品部門，使伊藤洋華堂十年間的業績提高了數十倍，對公司可謂功勳卓著。

然而隨著公司業績的提高，岸信一雄開始居功自傲，對公司制定的規章制度一律不予遵守，對公司的改革措施更持敵對態度，甚至對公司的戰略決策也不配合執行。他不僅不再提高自己的工作業績，為公司創造價值，還對那些勤奮敬業的下屬冷眼相看，嘲笑他們即使再做十年也休想獲得成功。結果在他的影響下，所有的下屬都消極地對待工作，整個部門的效率直線下降。

面對這樣的變化，董事長伊藤雅俊屢次對他進行批評，無奈他不但不改，還變本加厲，最後公司決定把他辭退。公司的這一決定，在伊藤洋華堂乃至日本商界引起了不小的震動。儘管公司內部的人都知道岸信一雄如何飛揚跋扈，但人們仍然認為辭退他是不公平的，畢竟伊藤洋華堂的成長史上有他光輝的一頁。

在面對輿論的尖銳質詢時，伊藤雅俊並沒有絲毫的膽怯，而是理直氣壯地說道：「秩序和紀律是我們企業的生命，我們不能因他一個人，而降低整個企業的戰鬥力！」

從企業的發展大局來看待這件事，伊藤雅俊的做法是正確的，對那些實在難以管教的員工，作為管理者，必須當機立斷，立即解雇！嚴明的紀律的確不容漠視。

很多時候，由於種種原因，管理者不忍心解聘那些無法勝任工作的員工，這是很多企業管理者的通病。但是市場就是戰場，戰爭是殘酷的，如果讓一個不能勝任工作的人長時間留在工作崗位上，一定會給企業帶來很多負面影響，甚至會造成不必要的損失。事實表明，績效低劣的員工會削弱團隊的實力，給潛在的客戶和商業夥伴留下不良印象，加劇對公司的負面影響。

在企業中，總難免會有「爛蘋果」，管理者要掌握時機，經常「清理」，做到防患於未然。

這是一個對績效要求極其苛刻的時代，達爾文式的「優勝劣敗」，使得商業競爭異常殘酷。如果期望企業基業之樹常青，不僅要知人善任，還要知人善免。管理者要想剔除「爛蘋果」，不給「爛蘋果」再次「腐爛」的機會，該清除的時候決不能手軟。不要讓「爛蘋果」害得其他好蘋果也腐爛了，也千萬不要讓一匙污水污染了整桶酒。

Chapter 06

銷售心理學：怎樣才能把梳子賣給和尚？

口紅效應

逢危機就大受歡迎的廉價非必須品

「口紅效應」（Lipstick Effect）源自海外對某些消費現象的描述，又稱「低價產品偏愛趨勢」，是指一種有趣的經濟現象：在美國，每當經濟不景氣，人們的消費就會轉向購買廉價商品，而口紅作為一種「廉價的非必要之物」，可以對消費者發揮一種「安慰」的作用。這就是一九三〇年代，美國經濟大蕭條時期首次提出「口紅效應」經濟理論。

在經濟蕭條時期，人們的收入和對未來的預期都會降低，這時候首先削減的是那些大宗商品的消費，例如房地產、汽車等等，如此一來，大眾可能會比正常時期有多了一些「閒錢」，正好去購買一些「廉價的非必要之物」，於是這些廉價商品的消費量便於焉上升。經濟政策制定者和企業決策者可以利用這一規律，適時調整政策和經營策略，盡可能地降低危機所帶來的負面影響。

金融危機的寒流，並不會讓所有的行業都凍得發抖。一九二〇至三〇年代，美國經濟危機最嚴重之時，好萊塢的電影業卻熱鬧非凡，尤其是場面火爆的歌舞片大受歡迎，讓美國人在秀蘭・鄧波兒等電影明星的歌聲舞蹈中，暫時忘卻痛苦。正是從那時起，好萊塢奠定了獨特的產業地位。

「口紅效應」讓人們想到，在經濟危機的寒冬中，電影以及其他文化娛樂產業既可以成為價格較為低廉的消費品提供者，也可以鼓舞人的情緒，讓人們在困難中心存希望。

經濟危機對傳統的製造業、對出口主導型的製造業有較大的衝擊，但對部分新興產業或是服務業反而可能提供了新的機會。其實，在危機到來的蕭條年代，並不只存在這唯一一抹紅色。「口紅效應」是大蕭條的伴生現象。危機時期，消費者面臨的最大變化，一個是金錢減少，一個是壓力增加。此時有助於消費者省錢的商品，以及有助於消費者抗壓療傷的商品，便成為消費者應對危機的首選，而這兩種類型的商品也就成為能逆市而上的「口紅商品」。

因此，在危機到來的時刻，商家所要做的就是打造危機下的「口紅商品」，只要人人都努力了，都在想方設法賣出自己的那支「口紅」，「口紅效應」就有可能發生意想不到的作用。只要滿足如下三個條件的產品，商家也可以充分利用「口紅效應」來拉動銷售：首先，所售商品本身除了實用價值外，要有附加意義；其次，商品本身的絕對價格要低；再次，商家要充分利用情境來引導消費者、引爆消費欲望。

在經濟危機時期，名牌商品永遠也沒有地攤貨暢銷。奢侈商品、高檔商品的需求和消費無疑被削減，而生活必須品則不然。經濟危機對房地產業是一場災難，但對輕工業、紡織業卻可能是最大的福音。老百姓、工薪階層收入減少，買不起高價商品，反而有了一些閒錢來置辦小家電、添幾件新衣服、皮鞋，自然會帶動輕工業、紡織行業復甦。

「同樣的價錢，比起喝咖啡和坐計程車，還是看電影更有吸引力，可以帶來兩個小時或更長時間的持續滿足感。」危機時期令人絕望的境況，讓人們黯然神傷，信心與快樂頓時成為最稀罕的「商品」。此時，文化娛樂產業將成為「口紅效應」中的獲益者。美國電影就因其虛構的美好，成為「口紅效應」最大的受益者之一。

回顧過去的幾十年裡，美國遭遇過七次經濟不景氣。但在這七次中，有多達五次讓當年的電影票房強烈攀升。每當華爾街變得慘不忍睹，美國各大媒體就紛紛開闢專版，向公眾推薦適合危機時期觀看的「療傷影片」。美國報紙在評論迪士尼的《比佛利拜金狗》、《歌舞青春3》，夢工廠的《馬達加斯加2》時說：「人們尖叫！大笑！它們真是療傷的良藥！」

一九二〇至三〇年代經濟危機時期成為好萊塢起飛的關鍵時期。在經濟最黑暗的一九二九年，好萊塢順勢舉行了第一屆奧斯卡頒獎禮，每張門票售價十美元，引來了眾多觀眾的捧場。一九三〇年，梅蘭芳遠渡重洋，在紐約唱響他的《汾河灣》，大蕭條中的美國人一邊在街上排隊領救濟麵包，一邊瘋狂搶購戲票，五美元的票價被炒到十六美元，創下蕭條年代百老匯的天價。

經濟危機終究還是有溫情的一面。經濟增長放緩了，人們可以談談情，唱唱歌，跳跳舞，回歸一下家庭。企業則可以在這其中尋找商機，創造一只能讓人們心儀的「口紅」，推廣開來，獨樂樂，也眾樂樂。

三分之一效應

中間店鋪生意不一定是最好的

所謂「三分之一效應」（Third Effect），屬於決策中的心理偏差。抽籤的時候，雖然理論上每一張的機率應該都是一樣的，但大家往往對擔任第一位及最後一位有一點抗拒，總認為中彩的那兩張幸運票不太可能是最後和最前。於是在沒有特殊提示的情況下，絕大多數人都覺得從中間隨手抽一張的「獲獎率」要高一些，這就是「三分之一效應」所帶來的心理作用。

處於中間的往往不是最好的，如果在心理上沒有任何明確的理由就拒絕兩端的選擇，你可能錯失很多機會。

某大學要舉行「大學生電影節」的頒獎閉幕式，晚會上必定是明星雲集，人人都想一睹巨星風采。所以閉幕式的門票被大家炒得炙手可熱。但是每個班級僅有兩張票的額度，人多票少，於是大家只好抽籤。

班代把籤排成一排，讓大家抽取，為了以示公平，最後剩下的那一張是班代自己的。大家一個個把籤抽走，結果全是空白，僅剩了第一張和最後一張，兩張都寫著「有」字，班長這個鐵桿的電影迷如願以償得到了票。班長並沒有刻意作弊，但卻利用了一個小小的心理戰術。雖然事後大家頗有不服，但這也是因為自己沒有把握住大眾心理，所以也無話可說。

這位班長利用的心理戰術正是「三分之一效應」。其實在生活中，「三分之一效應」發揮作用的地方是很多的。最典型的就是顧客對於店鋪的選擇。

設想在一條商店街上，有一排服務品質相差無幾的店鋪，那麼哪一家店鋪生意更好一些呢？也許你會認為是第一家，因為它可以首當其衝攔截顧客。實際上，當顧客走進一條商店街的時候，通常是不可能在第一家店鋪成交的，他總認為前方有更合適的。那會不會是最後一家呢？通常情況下也不會，因為一旦前方沒有了可供選擇的店鋪，顧客會產生一種後悔心理，覺得前邊看過的似乎更好一些。如果這條街是一眼可以看到盡頭的話，通常，是分別處於街道兩頭三分之一位置的店鋪更容易被選中。

在價格幾乎一律相同的小攤販，例如青菜攤之類情況與此相反，是對顧客來說越方便的攤位越好。當然，如果你經營得特別好或特別差，在熟客中造成了很大的聲譽差距，情況就會發生變化。

機會往往就在被忽視的「三分之一」裡面，擦亮慧眼，千萬別讓「三分之一效應」

讓你錯失良機。因此，作為經營者在選擇店鋪位置時，不能憑自己的主觀臆斷盲目行事。在行銷理論上，消費者的需求永遠是第一位的，這其中包括他們的消費習慣、個人愛好、興趣使然，經營者應在這樣的基礎上，明確地對自己的產品做到市場區隔，最終才能提升市場占有率。

在行銷的戰場上，一旦和顧客進行接觸，首先開始的便是心理攻防戰。很多的事前設想在計畫階段時是井井有條，但是面對實際考驗時卻經常敗下陣來。究其原因，除了市場調查沒有做好外，很重要的一點，就是沒有考慮到顧客的感受和需求。這是一個高明的銷售者應深思熟慮的問題。

有一句古語說「一步差三市」，意思是相鄰的幾家商鋪儘管位置差不多，但是在實際銷售時生意可能相差很多，甚至可以相差三成。這跟人潮活動的路線有關，可能有人走到這裡，覺得該轉彎了，這個地方就是客人到不了的地方，差不到一個小巷弄，但生意差很多。這些在選址時都要考慮進去。有一些經營者總能選到讓人稱羨不已的好位置，例如肯德基。

有人發現，肯德基開到朝暉，朝暉肯德基店附近的店鋪，就成為朝暉地區的最旺商鋪；肯德基開到翠苑，翠苑肯德基店附近就越來越熱鬧；雖然他們不明白是肯德基旺了這些地區，還是這些地區旺了肯德基，但是口口相傳出一個旺鋪之道：商鋪選在肯德基旁邊，一定沒錯！

中國MBA網站案例研討小組曾花了兩個多月的時間，調查了肯德基的經營訣竅，結果發現，肯德基的成功不是偶然的。

1.商圈很關鍵。肯德基選址主要按照三大步驟進行：一是商圈的劃分與選擇，二是確定聚客點，三是測算人潮動線。

每當肯德基計畫進入一個城市，便會先透過相關部門或專業調查公司蒐集這個城市的資料，然後開始規劃商圈，把不同商業地段區分成不同的等級。

2.選擇商圈，即確定目前打算在哪個商圈開店。一方面要考慮餐館自身的市場定位，另一方面要考慮商圈的穩定度和成熟度。

3.確定聚客點的位置。肯德基開店的原則是：努力爭取在最能聚集顧客的區域或是在附近開店。聚客點的選擇與人們活動的路線有關。肯德基會派人實地做測量，計算每個點的人潮量，有一套完整的資料之後，再據此確定位址。

4.人流的主要動線會不會被競爭對手攔截。在很多地區，肯德基與麥當勞幾乎設立在同一位置，通常是在路的兩邊，兩家店面對面。這是因為雙方都計算出這裡是主要聚客點，但是如果開在同一邊，必然有一家店的生意會比較差；在道路雙向的人潮動線差不多的時候，設立在路兩邊就是最好的選擇。

中庸哲學讓人們習慣於「中間」的事物，雖然不走極端是正確的，但「三分之一效應」所帶來的偏見讓人們錯失很多機會。因此，對經銷商來說，如果利用好這「三分之一」的地段，那麼利潤就將滾滾而來。

二五〇定律
不要忽視客戶背後的資源

美國著名推銷員喬・吉拉德在商戰中總結出了著名的「二五〇定律」。他認為每一位客戶背後都有兩百五十名親朋好友，如果贏得了一位客戶的好感，就意味著贏得了兩百五十個人的好感。反之，如果得罪了一名客戶，也就意味著得罪了兩百五十名客戶。

透過二五〇定律，人們得到的啟示是：**每一個人都是一座寶庫**，因為在每一個人身後都有一個相對穩定的、數量不小的群體。善待一個人，就會引起連鎖反應，他將為你帶來更多的客戶。所以每一個客戶都不能忽視。

喬・吉拉德曾經假設：如果一名推銷員在年初的一個星期裡見到五十個人，其中只要有兩名客戶對他的態度感到不愉快，到了年底，就可能連鎖影響到五千個人不願意和這名推銷員做生意。所以二五〇定律告訴我們：無論在什麼情況下，都不要得罪客戶，即使是一位都不能得罪。

露絲多年來一直在她家附近的「快樂超市」買東西。但有一天，她發誓再也不去這家超市買任何東西了。

事情的起因是這樣的。在週末的這一天，露絲像平常一樣去超市買日用品、牛奶和飲料。但她發現，脫脂牛奶沒有貨，蘋果的包裝還是那麼大，她有些生氣。

露絲是單身，所以大袋的蘋果經常吃不完就壞了；她最怕發胖，只喝脫脂牛奶。而她已經不止一次地把她的想法告訴店員，但是超市完全沒有針對這個建議做出任何改變。

所以，她找到超市的經理，把自己的建議告訴了他。想不到經理卻扔給她一句冷冰冰的話：「我們超市面對的是大眾，不能因為你個人的要求而改變。」

露絲憤怒極了，因為這樣的超市讓她的心情不愉快，所以，她打算要換一家超市購物。

也許這位經理認為，僅是失去露絲一個客戶，並沒什麼大礙，但他卻沒有想到，他也將因此失去露絲背後潛在的客戶群。假如發生了這件事之後，露絲會找十個人來分享她不快樂的經驗。假如這十個人又分別告訴給六個人。那麼這個超市失去的就是10+10×6=70人。這七十個人，每週平均來這裡消費五十美元，超市的損失就是三千五百元，這就是得罪露絲一個客戶的代價。

這些數字足以使人產生警惕，但這些數字還是保守的估計而已，一位客戶事實上每星期絕不止花五十美元用於購物。所以失去一個客戶實際上造成的損失會比想像中的大。

人們經常說「服務第一，銷售第二」、「客戶就是上帝」，然而又有多少企業真正把客戶當做「上帝」來服務呢？企業都在爭創名牌，而名牌效應是建立在幾百萬人甚至是上千萬人的口碑之上的。企業其實不需要用力去吹捧，也不需要去花大量的資金作宣傳，只要能夠做好服務，客戶自然而然會越來越多。要是只顧開發市場，而不顧鞏固老客戶，企業將會喪失自己的根據地，最終落得一場空。

一名法國農場主人駕駛一輛賓士貨車去另一個國家，一路上涼風習習，路況良好，農場主人不由得哼起了歌。然而當車開到荒野時，突然出現了故障。農場主人又氣又惱，大罵這一貫以高品質宣傳的賓士車欺騙世人。這時，他抱著姑且一試的心情，向賓士公司總部請求道路救援服務。沒想到幾小時過後，天空中傳來了飛機轟鳴聲——他萬萬沒有想到，原來是賓士汽車修理廠的工程師和檢修技術人員坐著直升機趕來了。

他們下了飛機，第一件事就是道歉，然後一邊安慰農場主人，一邊乾淨俐落地維修發動機。農場主心想，他們是開飛機來的，修理費是少不了的，而且不會太低，於是做好了同他們討價還價的準備。

賓士貨車很快就被修好了。農場主人擔心地問：「多少錢？」

「免費。」負責處理此事的工程師說：「出現這種情況，是我們的品質檢驗沒有做好，我們應當為您提供無償服務。」

這次，賓士公司不僅沒收維修費，而且隨後還為這個法國農場主人免費換了一輛嶄新的貨車。後來，這位農場主人將此事的經過和感受寫成文章，發表在頗有影響的雜誌上。從此，更多的人鍾情於「賓士」。這個事件說明了，客戶的讚譽就是最佳的廣告語，滿意的顧客就是最好的推銷員。

一百多年以來，賓士得以永保青春的法寶是什麼？是品質！是服務！優質服務讓賓士跑得更快。正是這種一個都不放過的服務精神，才造就了賓士今天當之無愧的汽車霸主地位。

如果你把一位老客戶服務好了，就可以影響到老客戶身後的兩百五十位客戶及其背後的潛在消費者。因此，作為銷售員，你要學會善待每一位客戶，使每一位客戶都成為自己的忠實客戶，以便吸引更多的客戶，從而達到你的目標。善待每一位客戶，你就點亮了一盞照亮更多客戶的明燈。

巴萊特法則
淘汰那些不能帶給你利潤的客戶

「巴萊特法則」又稱「二八法則」，是十九世紀末，二十世紀初義大利經濟學家巴萊特提出的。他認為，在任何一組物件中，最重要只有大約20％，其餘80％儘管占了多數，卻是次要的。

巴萊特法則認為，80％的銷售額來自20％的客戶；80％的利潤來自20％的客戶。它們之間存在著一種固有的不平衡關係。當把「巴萊特法則」運用到市場行銷中時，就可依此來確立一些更為有效的行銷策略。遵循巴萊特法則的企業在經營和管理中往往能抓住關鍵的少數客戶，精確定位，加強服務，達到事半功倍的效果。

對企業而言，每位客戶的影響力度也是不一樣的，通常是20％的客戶為企業帶來了大量的利潤。明白這一點，在從事行銷活動時，就不要把所有的精力和努力平均分配給每一個客戶，「一碗水端平」是不可取的。最明智的做法是：**充分關注發揮主要作用的大客戶，將有限的精力充分投入到他們身上，從而取得事半功倍的效果。**

隨著市場競爭的日趨激烈，客戶的戰略意義越來越得到企業管理者的重視。客戶在企業管理者心中的地位也越來越高，如果按照單次交易收益和重複交易次數，可以把客戶分成四大類，包括：鉑金大客戶（最有價值的客戶）；黃金大客戶（最有增長潛質的客戶）；鐵客戶（一般價值客戶）；鉛客戶（負值客戶、虧損客戶）。

根據「巴萊特法則」，20％的最有價值的客戶創造80％的利潤，而占80％的一般價值的客戶只創造20％的利潤。對企業來說，每一位客戶都很重要，唯有「鉛客戶」帶給企業的是虧損，也就成了企業的「劣質客戶」。所謂劣質客戶，指的不是品行低劣的客戶，而是不能給企業帶來利潤的客戶。往往企業辛辛苦苦提供服務之後，最後發現自己倒貼進去很多時間和金錢！所以，對於這樣的客戶，企業就要加以淘汰。客戶並不都是上帝，客戶之中也有魔鬼。並非所有的客戶都能給企業帶來利潤，若是劣質客戶在侵蝕企業的利潤，就要狠下心來「砍」掉它。

蒂莫西・費理斯有一段時間陷入每天工作十五小時的苦海中，淩晨就得打電話處理英國的事務，正常的朝九晚五工作時段，則忙於處理美國本土的工作，忙到午夜再打電話處理日本和紐西蘭的事務。當時的他「就像困在脫軌且沒有　車的列車上，因為沒有選擇，所以只好不停地增加馬力。」直到他偶爾看到巴萊特法則，想法才有了改變。

了解了巴萊特法則後，蒂莫西・費理斯開始重新審視自己的工作和生活，他發現自己的一百二十多位批發客戶中，其中的五位即可為自己帶來95％的收入，而遺憾的是他

98%的時間都用來與其餘的客戶們進行交涉。於是，他作了一個改變一生的決定：淘汰掉95%的客戶，而且徹底取消2%的客戶名單，最後只留下4%最優秀的生產商繼續銷售和生產。

他還發現，那些僅僅能帶給他10%利潤的客戶，卻是他不快樂和憤怒的源頭，這些客戶挑剔、抱怨，而自己卻一直在默默忍受，因為「客戶是上帝」的觀念在他心裡已經根深蒂固，無論在什麼情況下，都只存在「上帝」發火的理由，而沒有頂撞的可能。

現在，蒂莫西・費理斯不再去理會那些麻煩而又不能帶給自己利潤的客戶，他們想要訂貨，就要把訂單傳真過來，如果不想訂貨，他不再像之前那樣追在客戶身後，他不再打電話，也不再發電子郵件，什麼也不做。有一個客戶向他抱怨自己訂的貨遲了兩天才到，事實上是因為他總是不顧自己的反覆提醒，仍然用錯誤的方式把訂貨單發給錯誤的人。蒂莫西・費理斯客氣地與這位客戶斷絕關係，但他失去的只是一個無關痛癢的客戶，他未來會有更多的時間去關注那些更重要的客戶。

最終的結果是，蒂莫西・費理斯不必再追著一百二十位客戶乞求訂單，不用打說服的電話，也不用長篇大論地寫電子郵件去和對方理論，他只要從這五位大客戶那裡收到大筆訂單。可喜的是，四週之內他的月盈利就從三萬美元增長到六萬美元，而他每週的工作時間一下子從八十小時減到十五小時左右。

很多人來說，都遇到類似的情況，這些人每天忙於與「鐵客戶」和「鉛客戶」交涉，耗去了大量工作時間，但所獲得的利益卻只有那麼一點點，還要疲於應付他們無休止的挑剔。這樣的客戶如同長在嘴裡的壞牙，不僅吃不了東西，還影響了兩邊牙齒的健康，所以要痛下決心，忍痛把它拔掉，否則我們的心思將會總是集中在這顆壞牙上，遭受無休止的折磨。

要想在市場上生存，就必須要取得利潤，促進自己的進步，無法為你帶來利潤的客戶，就只能淘汰。不要再為那些不能帶來利潤的客戶而忙碌了，要抓住關鍵客戶。趕快找出那帶來80%收益的關鍵客戶，時刻提醒自己把主要的時間和精力放在這關鍵的少數上，別再把心力放在獲利較少的多數客戶上了！

南風法則

柔能克剛，以情來打動你的客戶

「南風法則」（South Wind Law）又稱做「溫暖法則」，它告訴人們：溫暖勝於嚴寒。這項法則來源於法國古典文學的代表作家、著名的寓言詩人拉封丹寫的一則寓言故事：

在風的家族中，北風和南風一直都在互相較勁，它們都覺得自己比對方厲害得多。有一天，北風和南風在天空中碰到了，於是決定一較高下。這時，它們看見路上有個行人，便約定，看看誰能把行人身上的大衣脫掉。

北風先刮上一陣凜冽的寒風，想藉由強大的風勢把行人的衣服吹掉，結果行人為了抵禦北風的侵襲，把大衣裹得緊緊的。

稍後，南風徐徐吹動，頓時風和日麗，行人覺得暖意上身，開始解開鈕扣，繼而脫掉大衣，最終南風獲得了勝利。

溫暖勝於嚴寒，因為人們都渴望被善待及關心。要想獲得「人和」，就要與人為善。「南風法則」運用於行銷，可以體現為對客戶關懷策略，讓行人脫掉大衣與讓客戶傾囊而出有著異曲同工之處，都能夠產生不同凡響的威力。

隨著經濟時代的到來，銷售人員必須處理好與客戶的關係，關注客戶體驗，重視客戶感知價值。所以應該大力實施客戶關懷策略，充分了解客戶的消費需求，真正站在客戶的立場上思考問題，用真情實意打動客戶，用具體的行動感動客戶，讓客戶真切體會到真誠和溫暖。透過對客戶的關懷，從而拉近與客戶的距離，形成穩定而持久的客戶關係。這樣的態度，對於吸引新客戶和維繫老客戶都是非常重要的。

對於銷售人員來說，如何送出溫暖是與客戶合作的關鍵。有些人會認為請客戶吃飯、陪客戶唱歌，贈送一些小禮物，或者是一些購物券，這樣是溫暖。然而這些銷售人員忽略了一點，有時候「溫暖」並不一定是實質的東西，關鍵在於找到客戶的興趣。

有「經營之神」之稱的王永慶，能從一個米店小老闆到「塑膠大王」，其中「溫暖政策」是不可或缺的。

王永慶小時候家境貧寒，十五歲小學畢業後，就到一家小米店做學徒。第二年，他用父親借來的兩百元做本金，自己開了一家小米店。為了和隔壁日本米店競爭，王永慶頗費了一番心思。

當時稻米加工技術比較落後，米裡往往混雜著米糠、沙粒、小石頭等。這在買賣雙方眼裡都是見怪不怪的，因為當時所有的米都是一樣。看到這種情況，王永慶多了一個心眼，準備在這上面做文章。王永慶在每次賣米前，都把米中的雜物撿乾淨，這一額外的服務深受客戶歡迎。

王永慶賣米多是把米送到府，他在一個本子上詳細記錄了客戶家有多少人、一個月吃多少米、何時發薪等。他會估算客戶的米差不多該吃完了，就送米上門；等到客戶發薪的日子，再上門收取米款。他給客戶送米時，並不是把米送到就走人。他先幫人將米倒進米缸裡。如果米缸裡還有米，他就將舊米倒出來，將米缸刷乾淨，然後將新米倒進去，將舊米放在上層。這樣，米就不至於因陳放過久而變質。他這個小小的舉動，令不少客戶深受感動，鐵了心專買他的米。

就這樣，他的生意越來越好。王永慶就是這樣從一家小米店起步，最終成為臺灣工業界的「龍頭老大」。

王永慶讓客戶感覺到關愛與照顧，不僅讓客戶享受到了便利，享受到了溫暖的「南風」，從而成就了自己的事業。

身為一個優秀的銷售員，應學會以溫柔的力量服務客戶，贏得市場。在銷售的同時，也讓客戶明白，你不僅僅介紹商品，更是「送溫暖到家」。能夠設身處地為客戶著想，贏得客戶信賴的銷售員，一定是成功的銷售人員。

有一位房地產推銷員，工作表現十分出色。很多客戶在接受了她推銷的房子後，仍然與她保持著良好的關係，而她也樂此不疲地願意幫助別人解決問題，總之，業績很好，人際關係也很好。為什麼她會獲得成功呢？

原來，她在接觸客戶的時候，不僅僅是推銷房子，更重要的是「送溫暖到家」。

她經常打電話給客戶問寒問暖。有時在客戶家裡，她不是純粹的禮儀性拜訪，而是仔細詢問和查看房子的使用狀況。如果出現了問題，她會主動　服客戶到物業部門反映，以便盡快解決。她還幫客戶安裝電話和衛星電視接收器，像保姆一樣體貼入微！

每當有新客戶搬進新家時，她都會精心準備一份禮物；剛搬新家的客戶做飯不方便，她會邀請客戶到自己家共進餐點；更重要的是，她還會介紹新客戶加入當地的俱樂部，讓新客戶能更融入這個陌生的地方。

諸如這樣的生活小細節還有很多，也正是憑藉這種熱心、關心、細心，讓她贏得了客戶的青睞。很多老客戶都會介紹自己的親戚朋友找她看房，這使得她的生意越做越興旺。

設想一下，如果她不「浪費時間」去關心老客戶，而是整天去新的客戶家裡推銷房子，恐怕效果沒有現在好。所以，在市場經濟中，一點溫暖換來的就是客戶的信任與讚賞，然後就是源源不斷的業績！

> 「凜冽刺骨的北風」只會使客戶把錢包握得更緊，只有「溫暖的南風」才會讓客戶感受到濃濃情誼，心情愉悅地打開錢包。只要學會「南風法則」，相信你一定會成為優秀的銷售人員。

留面子效應

讓客戶心甘情願地「上當」

如果對某個人提出一個難以接受的龐大要求，對方拒絕之後，接著再向對方提出一個小一點的要求，這個人接受這個後續小要求的可能性，就會比直接向他提出小要求的可能性大得多，這種現象被稱為「留面子效應」（Door in the Face Effect）。

心理學家認為，「留面子效應」的產生，主要是因為人們在拒絕別人的大要求時，會覺得自己沒有能夠幫助別人，損害了自己富有同情心、樂於助人的形象，也辜負了別人對自己的良好願望，於是感到有些內疚。這時，為了恢復在別人心目中的良好形象，順便達到自己內心平衡，這個人便會欣然接受第二個小一點的要求。

當然，「留面子現象」是否會發生作用，關鍵在於別人是否有義務對你提供幫助。如果對方與你素昧平生，既無責任，又無義務關係，卻想別人答應一些有損自身利益的事情，這時候就算是「先大後小」也是沒有用的。

在行銷過程中，為了達到推銷的最低回報，先提出一個明知別人會拒絕的較大要求，可以提高客戶接受較小要求的可能性。

某成衣製造商創立了一個自有品牌，準備打開內地市場，但產品推出後經銷商反應平淡，訂貨寥寥無幾，造成了大批成品堆積在倉庫中，導致企業資金上的短缺。後來有一個業務員想出了個主意，總經理一聽覺得可行，於是馬上開始著手準備。

首先他們趁著當時是服裝銷售的旺季，在當地舉辦一場全國性服裝展覽會，邀請了全國一百多家經銷商來參展，所有的路費、住宿等費用全由他們負擔，果然有很多的客商紛至沓來。

客商到達後，迅速被安排參觀展覽會，然後用兩天時間遊玩當地的風景名勝。直到第四天，才被集中到廠裡參加一個交流會。會上總經理提了一個要求：希望大家協助我們在各地開一家我們的品牌專賣店，並把開店的費用逐項列了出來，大概要數十萬元。這一下所有的客商都不敢吭聲了，因為畢竟數十萬元不是小事。

老總見時機已到，馬上按計畫提出第二個要求：如果大家覺得開專賣店有困難，那就下一步再說，但現在還是先請大家帶點貨回去試銷一下，如果銷量好，大家對我們的品牌有信心，我們再談專賣店的事。

這時候，在其中早已洽談好的客商，馬上表態支持總經理的決定，要求訂貨。這下子就當場把現場氣氛帶動起來，眾人紛紛回應，用不了多少時間，一百萬元的服裝訂單就全部簽下來了。

此成衣製造商公司總經理正是運用了「給面子效應」，先拿開專賣店來當個幌子，因為他知道沒有客商會投入數十萬元冒這個風險，所以隨後又把要求降低，以便給客商一個臺階下。這樣對於那些客商來說，相對於數十萬的投資，訂一些貨自然壓力降低許多。

「留面子效應」在銷售行業特別常見。銷售員往往在賣東西的時候，先開出一個客戶不能接受的天價，然後當客戶砍價的時候再逐漸降低價格，結果就是令人滿意的雙贏。對於銷售行業來說，最理想的結果就是雙贏，客戶買到了自己滿意的東西，而銷售人員也完成了滿意的任務。雙方的合作才得以長久。所以，無論是什麼商品的銷售人員都要學會利用「留面子效應」，讓客戶能夠高高興興地付出。

有兩間賣粥的小店，每天的顧客數量相差不多。然而晚上結帳的時候，左邊的那家小店總比右邊的那家多出一兩千元，天天如此。

細心的人發現：走進右邊粥店時，店員會微笑著迎上前，盛上一碗粥，問道：「加不加雞蛋？」

顧客說「加」，然後店員就給顧客加上一個雞蛋。每進來一個人，店員問完了：「加不加雞蛋？」之後，會有些人說要加，也有人說不加，各占一半。

走進左邊粥店，店員也是微笑著迎上前，盛上一碗粥，問道：「加一個雞蛋，還是兩個雞蛋？」

顧客會笑著回答：「加一個。」

再進來一位顧客，店員會不厭其煩地再問一句：「加一個還是兩個雞蛋？」愛吃雞蛋的會說加兩個，不愛吃的就說加一個，也有要求不加的，但是很少。

一天下來，左邊這個小店就總比右邊那個小店賣出更多的雞蛋。

「留面子效應」在商店銷售中也很常見，當一個客戶走進商店，熱情的銷售人員很周到，客戶原本並不想買衣物，但感動於銷售人員的熱誠，最後還是會隨便挑上一件價值可能不高的商品。

二十一世紀不再是生產製造的世紀，將是一個銷售商品的世紀。銷售商品不僅是把商品賣給客戶，而是要讓客戶心甘情願地把商品買走，讓客戶心甘情願地掏錢。

沃爾森法則
你能得到多少，取決於你能知道多少

美國企業家S・M・沃爾森說：「把資訊和情報放在第一位，金錢就會滾滾而來。」這就是在市場競爭中，經常被提到的「沃爾森法則」（Walson Law）。在這個資訊膨脹的時代，優先獲得和利用資訊往往成為成敗的關鍵，誰先搶占了市場的先機，誰就能優先獲得利益。

企業要在這變幻莫測的市場競爭中立於不敗之地，就需要能夠準確快速地獲悉各種情報：市場有什麼新動向？競爭對手有什麼新舉措？最主要的是能夠敏銳地察覺客戶偏好的轉移。在獲得了這些情報後，再果敢迅速地採取行動，及時調整產品戰略，以防止產品需求減少而帶來的損失。沃爾森法則告訴我們：**你能得到多少，往往取決於你能知道多少**。

孫子說：「知己知彼，百戰不殆。」資訊對企業的重要性不言而喻。充分了解自己，才能揚長避短；充分了解競爭對手，才能攻破其薄弱環節；及時了解外部世界，才能享有先機，搶占上風。如果能早一步了解資訊，就能知道競爭優勢所在，能夠提前做好準備，揚長避短，有備無患。所以說，沃爾森法則是引領市場的一個風向標，只要運用好了，市場就會屬於你。

一九八四年洛杉磯奧運會開幕前夕，廣東「健力寶」的決策者們感覺到洛杉磯奧運會是一個為自己的品牌揚名立萬的促銷機會。於是經過大家的不懈努力，「健力寶」最終被中國體育代表團作為首選飲料進軍奧運會。

在洛杉磯奧運會上，中國健兒首次取得了輝煌的成績，與此同時也為「健力寶」贏得了一塊「金牌」。日本《朝日新聞》首先刊出題為《中國靠「魔水」加快出擊》的奧運專電。隨後，華文《紐約日報》《聯合早報》等世界級報刊先後刊載盛譽文章。「健力寶」被譽為「東方魔水」而名聲大噪。世界各地的華商紛紛前來訂貨，希望為祖國的名牌產品走向海外助一臂之力。

正是獨特的眼光，讓健力寶的決策者們及時抓住了機會，搶占了先機，從而獲得了巨大成功。由此案例可知，切記隨機應變，把握住每次機會，幸運之神就會降臨到你的身上。

在與競爭對手的征戰中，資訊尤其關鍵。如果你本身就處於優勢，該如何戰勝競爭對手呢？這靠的就是你「知道」多少。在搶占先機的情況下，找到競爭對手的弱點，針對對手的弱點來加強自身。日本精工鐘錶公司的成功，就為人們提供了一個絕妙的例子。

在一九六〇年代以前，歷屆奧運會的計時器供應權都被瑞士名表行歐米茄公司壟斷。對於日本精工鐘錶公司來說，要想替代歐米茄公司，完全是不可能的，因此，他們一直在等待機會。

一九六〇年，國際奧會將一九六四年奧運會的主辦權交給了日本。這對於日本精工鐘錶公司來說，無疑對歐米茄公司發動攻勢的最佳機會，於是，精工鐘錶公司準備藉機對歐米茄公司發起進攻，以打破他們的壟斷。

為了深入了解對手，精工鐘錶公司對歐米茄公司的計時器進行了偵察。他們發現，歐米茄公司的計時器都是機械表式的，誤差較大。要想戰勝歐米茄公司，就必須在減少計時器的誤差上下工夫。於是精工鐘錶公司組織了大批研發人員開發一種誤差更小的計時器。終於，不久以後，一部具有世界先進水準的951II石英表研製出來了。這種計時器每天的運行誤差只有零點二秒，而歐米茄公司的計時器誤差則在三十秒以上；與當時類似於小卡車大小的計時器比較起來，951II石英表只有三千克，是足夠輕巧的。

951II石英表的「誤差」優勢，很快贏得了國際奧會官員的認同。不久，他們就做出了將一九六四年計時器供應權交給精工鐘錶公司的決定。精工鐘錶公司終於在計時器上取得了超越歐米茄公司的優勢！

精工鐘錶公司的成功，得益於對競爭對手的全面了解，並針對其弱點進行戰略性突破的策略。它的成功，給我們帶來不小的啟示：獲取資訊固然重要，快速對資訊作出反應更重要，企業應善於根據新情況及時調整思路和方案，採取相應的對策，做到隨著市場的變化而變化。

在這個高速發展的社會，資訊稍縱即逝，更新速度也大大提升。如果企業要立於不敗之地，就必須時刻掌握最新資訊，知道得越多，企業生存的能力就越強，相反，則將被淘汰。如果**你想在事業上做一個不斷前進的人，最有效的方法莫過於：快速取得多、最具體的資訊**。

市場是變幻莫測的，要想在市場中分得一杯羹，就要盡可能取得最多的資訊。什麼都「不知道」，將永遠什麼都「得不到」。

焦點效應

把客戶放在心中，是致勝關鍵

「焦點效應」（Spotlight Effect）又稱為「社會焦點效應」，指的是人們常常高估周圍對自己關注程度的一種表現。「焦點效應」意味著人往往把自己看做一切的中心，並且直覺地高估別人對自己的注意程度。這種心理狀態讓人們過度關注自我，過分在意聚會或者工作集會時人們對自己的關注程度。

心理學家基洛維奇做了一個實驗，他們讓康奈爾大學的學生穿上某名牌T恤，然後進入教室，穿T恤的學生事先估計會有大約一半的同學注意到他的T恤。但是，最後的結果卻讓人意想不到，只有23％的人注意到了這一點。

這個實驗說明，人們總認為別人對自己會倍加注意，實際上並非如此。由此可見，人們對自我的感覺的確占據了個人世界的重要位置，人們往往會不自覺地放大了別人對自己的關注程度，而且透過自我的專注，人們就會高估自己的突出程度。

正是因為每個人都具有「焦點效應」，因此，銷售人員要懂得正確運用這一效應，把客戶放在心上，讓客戶成為「焦點」。有些銷售人員目光短淺，對那些暫時無意買自己產品的客戶，通常都是愛理不理的，更別說長期聯絡了。至於**聰明的銷售人員則認為：無論他現在是不是自己的客戶，都要與之保持聯絡**。如此，老客戶會更加忠誠於自己，其他的客戶則會慢慢地接受自己，並逐漸成為自己的新客戶。

泰國的泰福飯店是亞洲的頂級飯店，那裡幾乎天天客滿，不提前預訂是很難有入住機會的，而且客人大都來自西方先進國家。泰國的經濟在亞洲算不上特別發達，為什麼會有如此誘人的飯店呢？看看羅勃・斯皮爾在那裡的經歷，你就會明白了。

羅勃・斯皮爾因公務經常出差泰國，並下榻在泰福飯店。第一次入住時，良好的飯店環境和服務就給他留下了深刻的印象，第二次入住，服務生友好的服務讓他更生好感。可是，最讓他感動的是後來發生的一件事。

由於業務調整的原因，羅勃・斯皮爾有三年的時間沒有再去泰國。這一年，在他生日的時候，突然收到了一封泰福飯店發來的生日賀卡，裡面還附了一封短信，內容寫道：

親愛的斯皮爾：

您已經有三年沒有來到我們這裡了，我們全體人員都非常想念您，希望能再次見到您。今天是您的生日，祝您生日愉快。

羅勃．斯皮爾當時激動得熱淚盈眶，發誓如果再去泰國，絕對不會到任何其他的飯店，一定要住在泰福，而且要說服所有的朋友也和他做同樣的選擇。

這就是焦點效的獨特效用，誰不渴望受到重視和關懷呢？誰不渴望自己成為別人眼中的焦點呢？身為普通客戶的你，時隔幾年，別人還惦記著你的生日，記著你上次來的日期，這怎麼不讓你感動呢？如果說，對老客戶運用「焦點效應」是為了維護他的忠誠，那麼對那些潛在的客戶運用「焦點效應」則是為了發展其成為新客戶。當然，這需要更大的耐心和技巧。

貞伊．吉拉德之所以能成為銷售大師，與他創造的經營促銷法大有關聯，這種促銷法以客戶中心，有節奏、有頻率地對客戶放長線釣大魚。他認為，所有已經認識的人都是潛在的客戶，他對每位潛在的客戶，每年大約寄上十二封廣告信函，每次均採用不同的外觀，並且在信封上盡力避免使用與他的行業有關的名稱。

一月，他的信函展現的是一幅精美的喜慶氣氛圖案，同時配以「恭賀新禧！」幾個大字，下款是簡單的署名：「雪佛蘭轎車，貞伊．吉拉德上。」此外再無多餘的話，即使遇上年底大拍賣期，也絕口不提買賣。

二月份，信函上寫的是：「請你享受快樂的情人節。」以下仍是簡短的簽名。

三月份，信中寫的是：「祝你聖巴特利庫節快樂！」聖巴特利庫節是愛爾蘭人的節日。也許你是波蘭人，或是捷克人，但這無關緊要，關鍵的是他不忘向你表示祝願。

然後是四月，五月，六月……

不要小看這幾張印刷品，它們起的作用可不小。不少客戶一到節日，往往會問妻子：「過節有沒有人來信？」「貞伊・吉拉德又寄了一張卡片來了！」

如此一來，每年中就有十二次機會，使貞伊・吉拉德的名字在愉悅的氣氛中來到每個家庭。

貞伊・吉拉德只是向人們表達關心之情，他沒有說：「請你們買我的汽車吧！」但這種不講推銷的推銷，反而給人們留下了最深刻、美好的印象。等到他們打算買汽車時，往往第一個想到的就是貞伊・吉拉德，因為他們早已是老朋友了。

也許你聯繫的每一個客戶不一定都能發展成為你真正的客戶，但如果你不去努力爭取，你將註定無法得到一個真正的客戶。貞伊・吉拉德之所以能夠成功，就是因為他抱著「寧肯發錯一千張賀卡，也不放過一個真正的客戶」的原則。

在銷售中，運用「焦點效應」，採用感情投資的方法，也是你通向成功的一條捷徑。把客戶放在心上，會讓客戶感受到他是你的「焦點」。「投之以桃，報之以李」、「你敬我一尺，我敬你一丈」，當你把客戶放在心上，客戶當然會記住你，時間長了，屬於你的回報自然而然就會到來。

Chapter 07

職場心理學：

有心就能
成為職場紅人

薯條定律

投其所好，讓上司信賴你

人們都知道，薯條是高熱量食物，對於那些肥胖的人來說，特別是天生愛美的女孩子，這絕不是一種好食物。但在速食店裡，它一向大受歡迎，想減肥的女孩往往抵擋不了薯條的魅力。因為她們從心理上已經產生了對薯條的依賴，所以一直難以放棄。人們把這種依賴稱之為「薯條定律」。

在人生中，人們要懂得善於發現別人依賴的口味，才能掌握自己，成就自己。當今社會，職場生涯已經成為每個人生活中最重要的一部分。能否在職場上出人頭地，端看你能否善加運用「薯條定律」，從而成為上司的「薯條」，成為上司願意依賴和信任的人。如此一來，你在職場中的發展將是不言而喻的。

王晶大學畢業後，經過自己的努力，終於在一家大型機構裡扎根，成為一名祕書。讓人驚訝的是，僅僅一年的時間，王晶就從一個新人爬到了總經理辦公室主任。是什麼樣的祕訣，讓她成長得如此迅速呢？

原來，她透過細心觀察，發現總經理喜歡喝熱茶，所以在每天總經理上班之前，不斷給茶杯更換熱水，涼了就倒掉。這是以前的祕書都沒有做過的事，所以讓總經理對她產生了一種依賴心理；同時對王晶的細心也有了一個好印象，自然而然提拔得比較快。

善於發現上司依賴的口味，不是簡單的逢迎，而是尊重他的想法，持續堅持下來，你的上司一定覺得你不可或缺，你的職場核心價值也就顯現出來了。

職場就是戰場，如果你不懂得如何保護自己，面臨的就是被淘汰。人們常說「討好上司吃好飯」。身在職場，要想能混個好飯吃，就需要學會拉近自己與上司的距離。對於職場新人來說，也許有很多人想在上司面前好好表現，但是往往礙於面子，怕被別人說是馬屁精，就退縮了。但在上司看來，一個不懂得為自己主動爭取機會的人，將來管理公司、面對客戶或參加為公司爭取利益的談判時，能發揮什麼魄力和手段呢？其實，「力求表現」並不一定就是「拍馬屁」。如果你的上司喜歡足球，你盡可以加強自己的足球知識，找到上司所喜愛的球隊，私下與上司針對球賽交流討論一番。相信這時候的你，在上司的心目中絕對會留下一個良好的印象。時間長了，你也就會成為上司所依賴的「薯條」，當他看球賽時，想起的也許就是你。

該如何讓自己成為上司信賴的「薯條」呢？這就需要細心去發現老闆的愛好，發掘他需要哪些協助，並及時伸出你的援手，尋找展示自己的機會，把你與別人的不同之處——謙和友好的待人之道，以及完成工作的能力展現出來。當上司「慧眼識英雄」時，你就會迅速躍升為上司的「薯條」，從而達成自己的目標。

蘑菇定律
想哭，等成功了再哭

「蘑菇定律」（Mushroom Management）又稱「萌發定律」，是指剛入職場者常常被置於陰暗的角落，不受重視或打雜跑腿，甚至接受各種無端的批評、指責、揹黑鍋，也得不到必要的指導和提攜，處於發展緩慢的過程。蘑菇生長必須經歷這樣的過程，人的成長也肯定會經歷這樣的過程。

「蘑菇」只有長到一定的高度才會被人發現。對那些初入職場的人士來說，這不一定是什麼壞事，當上幾天「蘑菇」，能夠消除很多不切實際的幻想，讓人們更加接近現實，看待問題的視角也會更加實際。

據說，「蘑菇定律」是一九七〇年代由一批年輕的電腦程式師「編寫」的。當時，美國一批電腦程式師意外發現，一批剛從學校畢業的新人參加了工作，這些人很難適應工作環境。在這種情況下，這些電腦程式師經過探索，便發現了「蘑菇定律」。這些獨來獨往的人，早已習慣了人們的誤解和漠視，所以在這條「定律」中，自嘲和自豪兼而有之。

其實，換一種角度來考慮，「蘑菇定律」也有其自身的積極作用。

1.**消除不切實際的幻想**。很多年輕人走出校園時，總認為自己就應該得到重用。但由於缺乏工作經驗，也缺乏擔當重任的能力，只有經過一段時間的磨練，消除不現實的幻想，才能慢慢成長起來。

2.**加速適應社會**。職場新人能否適應社會的行為模式和遊戲規則，往往取決於最初一段時間的「蘑菇進程」，因而「蘑菇經歷」能加速職場新人適應社會。

3.**避免沾沾自喜**。對於職場新人來說，在做完工作、取得成績之後，總是希望上司和同事會注意自己，並得到認可與讚揚。事實上，並不是每一點成績都會被別人看在眼裡。因此要沉下心來，腳踏實地，一步一腳印，才能取得更大的成績。

「蘑菇定律」是每一個剛剛踏入職場的人都可能遇到的，幾乎每個職場新人都要經歷被忽視、得不到認同以及重用的過程。初涉職場的大學生，剛從校園裡的美好夢想中走出，總是會對自己懷著很大的期望，認為自己應該受到重視，並且得到豐厚的報酬，但卻總是事與願違，這就驗證了「蘑菇定律」。**當被視為「蘑菇」時，就算再怎麼強調自己是「靈芝」也沒用，利用環境盡快成長，才是當務之急。**

被尊稱為世界第一女CEO的惠普公司前總裁卡莉・費奧莉娜從史丹佛大學法學院畢

業後，找到的第一份工作是在一家地產經紀公司擔任接線生，她每天的工作就是接電話、打字、複印、整理文件。儘管父母和朋友都表示支持她的選擇，但很明顯的，這並不是一個史丹佛畢業生應有的選擇。

但是卡莉·費奧莉娜對這份工作毫無怨言，她在簡單的工作中積極學習。一次偶然的機會，幾個經紀人問她是否願意做點別的什麼時，她得到了一次撰寫文稿的機會。也正是因為這一次，從此改變了她的整個人生。

企業對職場新人多半一視同仁，無論是多麼優秀的人才，都只能從最簡單的事情做起。**「蘑菇」的經歷，對於成長中的年輕人來說，就像蠶蛹，是羽化前必須經歷的一步。**

既然過程不可避免，對於職場新人來說，調整心態就顯得格外重要。當面臨不受重視、無法施展才能的狀況時，就要學會適應和堅持。全力以赴將手邊的事情做好，為事業的發展打定堅實的基礎。

剛出校門的畢業生由於沒有從業經歷，很難找到滿意的工作。要知道，在社會上工作和在學校裡生活有天壤之別，首要的就是磨去稜角適應社會，端正心態，放低姿態。從最簡單最單調的事情中學習，努力做好每一件小事，多做事少抱怨，就會更快融入職場，贏得前輩們的認同和信任，才能盡可能地結束「蘑菇」時期，進入真正發揮才幹的領域。

因此，**當你被視為「蘑菇」時，要學會主動去生長，拋棄掉自己的自大，努力地汲取養分，當你長到一定程度時，自然會被人注意到**。

1. **認真對待工作**。認真對待現在所從事的工作，並全力以赴地做好它，這是事業的開始，同時為以後的工作打下堅實的基礎。

2. **適應環境**。當你到了一家並不滿意的企業，或者被分配到某個不理想的崗位，做著無聊的工作時，要學會適應。這是因為，要想改變環境，前提便是先適應環境。

3. **貴在堅持**。很多人在「蘑菇」階段時最容易產生的念頭，就是放棄。但是，真正的成功屬於堅持不懈的人。只有瞄準目標，不斷堅持，在「蘑菇」階段積累一些可貴的經驗，不斷提高自己的素質，才能為以後的「厚積薄發」做好鋪墊。

4. **自強自立**。在尚未成功時，往往會遭遇歧視、侮辱等不公平的對待，不要糾結在對這些細節上。明智的做法是：自強自立，不斷增強自身實力，以實際行動來證實自己的價值。

當你無法得到工作的「陽光」時，要學會去爭取，而不是墮落沉淪。有一段「蘑菇」的經歷，不一定是壞事。事業中的很多機會都是在「蘑菇」期間得到的。不要在「蘑菇」期間放棄了自己的發展，磨滅了信心，就算你想哭，也要等成功了再哭。

摩西奶奶效應

帶薪學習，別說自己學不會

美國維吉尼亞州的藝術家摩西奶奶（Grandma Moses），至暮年才發現自己擁有驚人的藝術天才。

說來有趣，摩西奶奶可謂大器晚成，是被莊稼活耽誤的藝術家。摩西奶奶做了一輩子莊稼活，她在七十三歲時扭傷了腳，無法再做農活。於是她從七十五歲開始學繪畫，八十歲在紐約舉辦個人首次畫展，並引起轟動。

摩西奶奶活了一百零一歲，在最後二十五年的藝術生涯中，留下一千六百多幅作品。她曾經自豪地說過：「**上帝會幫助每一個想成功的人打開成功之門，哪怕你已經到了八十歲。**」人們在讚歎摩西奶奶晚年取得驚人藝術成就的同時，也稱這種現象為「摩西奶奶效應」。

從「摩西奶奶效應」中，人們不難獲得這樣的啟示：**一個人的潛在能力是巨大的，如果不去挖掘，就不會自行迸發出來**；一個人即使到了老奶奶的高齡，也不要服老，應該繼續學習深造，努力實踐，活到老，學到老。心理學家研究發現：人類只有透過學習，才能正確認識自己，選擇自己。心理學家格拉寧透過研究，得出如下結論：「如果每個人都知道自己能做什麼，那麼生活會變得多麼美好！因為每個人的能力要比他自己感覺到的大得多。」

身在職場，就要把手裡的工作做好，要主動迎接分配給自己的任務，盡全力完成。只有抱著學習的態度去適應工作，把工作當成一種愉快的帶薪實習，才能在職場上發展得更好，才能在職場的道路上走得更遠。

將你的工作視為最直接的學習，並懷著學習之心來面對工作。你將會發現，你在工作中遇到的所有人與事，都有值得你學習的地方。反之，如果只是為了工作而工作，就會變得得過且過、不負責任，認為企業的命運與自己無關，這樣的心態，只會讓自己永遠無法與工作格格不入，最後遭到淘汰。

摩西奶奶在七十五歲時仍可以成功，你呢？工作就是愉快的帶薪學習，沒有學不會的，只要你用心。堅持下去，發揮自己的潛力，下一個成功的就是你。

倒U形假說

半興奮狀態才是最佳狀態

「倒U形假說」（Inverted-U Principle）指當一個人處於輕度興奮時，可以把工作做到最好。當一個人全無正面心情時，也就沒有做好工作的動力了；相反的，當一個人處於極度興奮時，隨之而來的壓力可能會造成無法完成本該完成的工作。世界網壇名將鮑里斯·貝克之所以能成為「常勝將軍」，祕訣在於比賽中保持半興奮狀態。「倒U形假說」，是由英國心理學家羅伯特·耶基斯和多德林提出的。

在一次重要的國際比賽中，一位跳高運動員面臨奪得金牌的最後一跳。

教練說：「跳過這兩公分，你想要的那幢別墅就到手了。」

然而，他卻沒有跳過這兩公分。

在二十三屆奧運會上，受了傷的跳水王子洛加尼斯同樣面臨衝擊金牌的最後一跳。

教練說：「跳完這輪，你就可以回家吃你媽媽做的小餡餅了。」

結果洛加尼斯用他的毅力和精神征服了自己，也征服了世界。

從上面的例子可以看出，同樣是激勵性誘導，房子反而不如餡餅。**運動心理學認為，運動員抱持高度興奮或少許興奮都無法呈現最佳狀態，只有處於半興奮狀態，才能發揮出最高水準。以吹氣球為例，吹得太足，容易爆炸；吹氣不足，氣球飛不高；只有吹得恰當，才能使氣球輕盈靈活地飛起來。**

相信大家都希望工作有成就，但很多人卻只是在職場中渾渾噩噩。**俗話說：「沒有壓力就沒有動力。」要想在工作中有所成就，主動給自己「施壓」是很必要的，同時要學會把工作中的壓力變成不斷前進的動力。**

人們需要壓力，但要求過度時，卻會被壓力打倒。對待工作上的壓力，過猶不及。少走一步，就達不到終點；多走一步，就會錯過風景。適度才是最佳狀態，只有不慍不火地處於半興奮狀態，才能既不懶怠，又不放棄，從而獲得最佳的工作效率。

所以，掌握好節奏，讓自己循序漸進地前進，才是最正確的做法。就像一條彈力帶，如果一下子拉得太長，最後會因為無法恢復原樣而無法再使用；而如果適當地拉伸，不僅可以保持它的彈性，也可以用得比較久。你的熱情或激情要一點點地釋放，而不要讓它傾洩而出，否則就沒有後勁了。

如果能夠持之以恆地保持一貫積極進取的狀態，你給予自己的壓力就是良性的。良性的壓力會促使人們更加努力工作，產生一種把事情做得更好的衝動。這就是人們要找到的最佳平衡點。

對於管理者來說，要懂得適度地給予員工激勵。管理者透過激勵，可以調動被激勵者的主觀能動性，讓被激勵者振奮，並發揮最大效能，從而更迅速、更完滿地實現目標。

很多管理者清楚地知道激勵的作用，但在實施方法上卻存在不少誤區。有人認為，只有處於巔峰的情緒才是工作的最佳狀態，實際上這種想法是錯誤的。激勵必須講究分寸，而當人處於極度興奮的狀態時，隨之而來的身心壓力，卻會讓人難以完成原本在正常狀態下能夠完成的任務。

因此，有效激勵就是適度的激勵，必須與目標或任務相關；必須明確地指向對方的行為；必須是即時且迅速的；必須使員工了解管理者的感受以及對團隊的幫助；必須是真誠的，而且必須與對方的個性適配。

在職場上，無論你是員工還是管理者，都需要熟練掌握「倒U形假說」。半興奮狀態才是人們工作的最佳狀態，小則無力，大則過激，只有適度，才是最好的。

末位淘汰效應

優勝劣敗，比別人優秀才能勝出

「末位淘汰效應」又稱「活力曲線」（Vitality Curve），是指透過競爭和淘汰來發揮人的極限能力。企業為滿足競爭的需要，會藉由科學的評價手段，對員工進行合理排序，並在一定的範圍內，實行獎優罰劣或末位淘汰的效應。「末位淘汰效應」的發明者是國際企業經營管理大師、奇異公司（General Electric Company）前CEO傑克・威爾許（John Francis "Jack" Welch, Jr.）。

人們對「末位淘汰效應」的看法莫衷一是。一方面認為它的實施大大提升了員工的工作積極性，有力地避免了人浮於事、效率低下的不良狀態；另一方面則認為「末位淘汰效應」不符合人本管理的思想，容易造成員工心理負擔過重、同事關係緊張等惡性循環。

然而職場就是戰場，要想在競爭激烈的當今社會中生存，「末位淘汰效應」的實施仍有其必要。社會是一個現實的舞臺，有能力的可以繼續表演，功力不足的只能離開。或許今天的你對企業尚有些用處，那麼明天呢？如果明天的你已不能再為企業作出貢獻，裁員名單中就會出現你的名字。所以，**要想生存，並且要活得越來越好，就必須不斷地武裝自己，才不至於被社會淘汰**。

在所有的鳥類中，老鷹可以說是最強壯的種族。根據動物學家的研究顯示，老鷹的強壯與老鷹的餵食習慣有莫大關係。

據說老鷹一次可以孵育四、五隻小鷹，由於牠們的巢穴很高，所以獵捕回來的食物一次只能餵食一隻小鷹。老鷹的餵食絕不是遵循平等的原則，而是哪一隻小鷹搶得凶，就給哪一隻吃。這樣，稍微瘦弱的小鷹，因為屢屢搶吃不到食物，最後就餓死了，只有最健壯、最兇狠的小鷹才能存活下來。強壯的基因得以代代相傳，從而使得老鷹一族越來越強壯。

達爾文說：「自然界中能生存下來的不是最強的物種，而是最能適應外部變化的物種。物競天擇，適者生存。」**要想在社會中生存，就不能停止前進的腳步，優勝劣敗永遠是職場競爭的不二法則，只有比別人優秀，才能在職場中取勝**。

世界上沒有絕對的公平。只要有人生存的地方就有規則，職場上也一樣，如何在職場上生存，如何從激烈的競爭中勝出並發展壯大，是每個人都必須要面對和深思的問題。

工作是做出來的。人們在職場中的優劣，是以各種指標度量而得來的，說得好不是英雄，做得好才是英雄。如今許多企業實行的關鍵績效指標、部門績效考核，都是衡量企業、部門，甚至一個人工作能力最直接最有力的依據。

今天的這個社會，已經不再是論資排輩、倚老賣老、悠然自得的輕鬆時代，隨時都會有突如其來的風暴，把多年經營的夢想擊得粉碎，讓人難以招架。天上不會掉餡餅，世界上沒有免費，如果你有片刻的懈怠和僥倖心理，你就會成為「最末位」，成為被淘汰的「劣級品」。

劉濤在一家中外合資企業擔任機械配件設備的銷售經理，為公司創造了裴然業績，是一位不可多得的人才。但是近幾年來，劉濤鬆懈了，一直忙於日常事務，在「乾杯」聲中翻過了日曆。

今天，劉濤的下屬學歷比他高，能力比他強，經驗也在數年的商海中獲得了積累，羽翼日漸豐滿，銷售業績驚人，在企業最近的績效考評中名列第一。劉濤被淘汰了，留給他的是歲月的蹉跎和對時光的惋惜。

事實告訴人們，當你安居高位的時候，請不要忘乎所以，應時時自我提醒。歷史的腳步正以每秒匆匆的滴答聲從你的身邊悄然離去。**你今天的優秀並不能代表你明天的優**

秀。若止步不前，只會作繭自縛，從而成為最「末位」而慘遭淘汰。

因此，**在工作中不要說「我已經做得夠好了」，而是要問「還有什麼更好的方法」；不要說「這不關我的事」，而是要主動去承擔屬於自己的責任；不要滿足於現狀，而是要不斷給自己設立更新更高的目標。**當你給自己設立一堵牆的高度，你才能輕而易舉地上升到一塊磚的高度。二十一世紀是自謀生路、自力更生的世紀，有才華就要盡力去展現。你要做的是努力去完善你自己，因為適者生存是永遠的生存法則。只有你比別人優秀的時候，才能證明你的存在。

有人說「企業之間的競爭就像是一場長跑，前進速度慢的終將慘遭淘汰」，其實個人在工作中又何嘗不是如此，要想在「末位淘汰」面前立於不敗之地，就只能透過不斷的學習，以更新的知識優化自己，不斷創新，提高自身競爭力才是唯一的出路，除此之外，別無選擇。

如果你起跑的時間比別人慢，你更應該迎頭趕上，你註定要比別人流更多的汗水。只有比別人更優秀，才能奪取勝利的果實。

個人空間理論

和同事之間保持適度的距離

「個人空間理論」（Personal Space Theory）指的是每個人都擁有屬於自己的隱私，不能讓他人知道的事情。**在人際交往中，人與人之間要保持適當的距離，避開他人的「個人空間」，便能避免因為陌生而產生的疏遠，也能夠避免因為太親密而造成尷尬。**

如何與同事之間保持適當距離，是辦公室中每一名員工必須面對的問題。俗話說：「距離就是美」。仔細想一想，每天和你在一起時間最長的人是誰？他既不是你的親人，也不是你的朋友，而是你的同事。他們和你在辦公室面對面、肩並肩，同工作、同吃喝、同娛樂。和同事刻意保持距離，隔得遠遠的，會被認為太冷漠；太親密，則可能承擔「搞小團體」或「性騷擾」的惡名。

同事之間關係好，本是好事，但是切記同事之間拒絕親密。同事就是同事，不是朋友。交朋友，除了志趣相投外，忠誠的品格是最重要的，一旦你選擇了我，我選擇了你，彼此信任、忠於友誼能促進雙方的交往。同事就不同了，一般來說，如果不是自己當老闆，是不可能選擇同事的，除非在人事部門工作有招聘選擇權。所以，**與同事相處**

不能親此疏彼，應採取「等距離外交」，否則容易招惹麻煩或被誤解，適當的距離最美。

與同事關係好，本是件好事。想一想，來自五湖四海的大家，為了一個共同的目標走到一塊了，大家心往一處想、勁往一處使，團結得跟一個人似的，有什麼不好？為什麼還要保持一定的距離？因為辦公室中的同事和生活上的朋友是不同的。即使朝夕相處彼此相處得非常融洽，也並不意味著同事之間的關係就超越了工作關係，可以將之視為友誼。

王立和張凡在同一間辦公室裡工作，因為經常在一起吃飯喝酒，所以成了關係很鐵的哥們兒，經常是無所不談。有一次因為工作上的事，王立和經理產生了矛盾，所以下班後和張凡去借酒澆愁。

王立借著酒勁說了憋在心裡很久的話，說經理沒有領導能力、不體諒員工，說自己以前怎麼能幹，能服人；又說到辦公室的人這個不好，那個小氣……

張凡一邊聽，一邊一個勁地點頭稱是。

第二天，公司例會，經理很生氣地說：「我知道有員工在背後議論上司，議論同事，而且還在背後發牢騷。如果這人不想做了，隨時可以走人。」

事後王立才知道，原來是他那「鐵哥們兒」張凡把這些話告訴了經理。

辦公室是一個充滿原則、紀律和講求策略的場合，更是一個充滿利益衝突的是非之地。因此要記住，對別人的不滿不要在同事面前顯露出來，畢竟同事之間也存在著競爭的關係，即使再「親密」，也達不到朋友之間的那種「親密無間」。如果彼此沒有了空間，往往容易受到傷害。

當然，與同事不能表現得太生疏，這樣會被誤認為不合群、性格高傲。所以，在和同事相處的時候，要維持不慍不火、不遠不近的同事關係，才是最合適的和最理想的。

因此，與同事之間的交往應該注意以下幾點：

1.**真誠**。真誠不是寫在臉上的，而是發自內心的，爾虞我詐的欺騙和虛偽的敷衍，都是對同事關係的褻瀆，偽裝出來的真誠比真正的欺騙更令人厭惡。

2.**互助**。孟子說：「愛人者，人恆愛之；敬人者，人恆敬之。」沒有人會無緣無故地接納你、喜歡你，你必須懂得主動付出，才會有回報。每個人都懷有一顆愛心和感恩之心，就可做到相互體諒、相互敬重，如有需要，一定會伸出援手。

3.**主動付出**。不要在乎「吃虧」，也不要急於獲得回報，要想得到同事的信任，首先要讓人覺得與你交往很值得。總是想獲得卻不懂得付出的人，永遠無法得到別人的眷顧。

4.**有些話不能說**。同事把心事告訴你，是因為他信任你，如果你轉頭去告訴了別人，就是把自己的人格降低了。俗話說：「害人之心不可有，防人之心不可無」，在辦公室中，祕密之所以是祕密，就是不想讓太多人知道。管好自己的嘴，無論是自己的還是別人的祕密，都把它埋在心裡。

總之，辦公室是工作的地方，不是讓你來交朋友的，偏離了這個主題，就會讓自己惹上麻煩。事業的成就，並非取決於是否與同事打成一片，你大可不必被職場中的人際關係搞得筋疲力盡，只有和同事保持一定的距離，才能在必要時候理智冷靜地對待問題，而不被人際關係所束縛，這樣反倒能夠在同事面前贏得良好的印象。

只要稍微留神一些，就會發現與同事保持一定的距離能創造出許多美好的事物。當同事之間沒有「個人空間」，那你們的關係也將難以維繫了。

華盛頓合作定律

三個和尚水很多

人不是靜止的動物，人際關係就像方向各異的能量，互相推動時自然事半功倍，相互抵觸時則一事無成。**一個人敷衍了事，兩個人互相推諉，三個人則永無成事之日。這樣的加法，得出的結果只會越來越少。**這裡所說的理論，就是「華盛頓合作定律」（Washington Company Law）。

「一個和尚挑水吃，兩個和尚抬水吃，三個和尚沒水吃。」為什麼會出現這種情況？一個人敷衍了事，兩個人互相推諉，三個人則永無成事之日。解決吃水問題，關鍵在管理。華盛頓合作定律表明，合作是一個問題，怎樣合作也是一個問題，人與人的合作不是人力的簡單相加，而是要複雜和微妙得多。

如果兩個或是兩個以上的人一起工作，大家互相勾心鬥角，各自為政的話，必然會事倍功半。而所有的人都能齊心合力，心往一處想，勁往一處使，結果就會是事半功倍了。如果內耗過多，結果只會不盡如人意。

任何一個團體都避免不了的現象，即是「辦公室政治」。甲今天說了幾句不該說的話，讓乙很沒面子；乙就找個機會打甲的小報告，卻被甲的朋友丙聽見了；丙在工作中就故意使壞，在有意無意之間損害了丁的利益——像這般恩恩怨怨，會越纏越大。「辦公室政治」是引起內耗的主要原因，也是「華盛頓合作定律」的最直接表現。

一家公司招募高層管理人員，九名優秀的應聘者進入了複試。總經理對每一位的表現都非常滿意，但此次招聘只能錄取三個人，於是總經理給大家出了最後一道題。

他把這九個人隨機分成甲、乙、丙三組，指定甲組的三個人去調查嬰兒用品市場；乙組的三個人去調查婦女用品市場；丙組的三個人去調查老年人用品市場。

總經理說：「你們未來的工作是負責市場開發。所以，你們必須對市場具備敏銳的觀察力。現在我把你們分成了三個小組，希望你們互相合作，全力以赴。」這些與試者也個個卯上全力，暗中較勁，大家都希望自己成為最優秀的那三位。

臨走的時候，老總又補充道：「為避免大家盲目調查，我已經請祕書準備了一份相關行業的資料，離開的時候，請自行到祕書處領取。」

三天後，九個人都把完成的市場分析報告交給總經理。

總經理看完後，走向丙組的三個人，分別與之一一握手，並祝賀道：「恭喜三位，你們已經被錄取了！」隨後，老總看看大家疑惑的表情說：「請大家找出我叫祕書給你們的資料，互相看看。」

原來，每個人得到的資料都不一樣，甲組的三個人得到的分別是本市嬰兒用品市場過去、現在和未來的分析，其他兩組的也類似。老總說：「走的時候，我叫你們互相合作，但是只有丙組的人互相分享了對方的資料，補齊了自己的分析報告。而甲、乙兩組的人卻分別行事，自己做自己的，因此完成的市場分析報告自然不夠全面。其實我出這樣一道題目，主要目的是為了考察大家的團隊合作意識，看看大家是否善於在工作中合作。要知道，團隊合作精神才是現代企業成功的保障！」

「華盛頓合作定律」指出，合作是一個問題，如何合作也是問題。如今，一些企業都將員工不合作導致的效率低下的原因，簡單歸罪於「和尚」數量的多寡，於是作出了裁減人員、裁撤單位等舉動。然而，實際上並非如此，有些企業減少了人員，增效仍未提升，「和尚」少了，大家依舊沒水喝。

仔細分析，**人員不合作的主要原因有三：一是責任分配不明確，導致員工職責不清；二是彼此缺乏溝通，沒有形成真正的團隊精神；三是團隊中有製造不和諧的人存在，影響團隊的戰鬥力，導致團隊永無寧日。**那麼，究竟如何才能克服「華盛頓合作定律」帶來的不利影響呢？

1. **設定目標，明確分工。**詳細的職務分工，能夠讓大家輕易看出誰在敷衍，誰在推諉。

2.卸除包袱，輕裝上陣。如果每個人都在不斷地積累怨恨，就會形成交往的障礙，消磨鬥志、影響效率，如果你能寬容大度一些，你的態度就會影響到別人，從而形成良好的辦公室氣氛。

3.消除辦公室派系帶來的不利影響。作為領導者，處理好了內部派系的問題，不僅可以將小團體的副作用降到最低，甚至還可以提升工作效率。要處理好企業的內部派系，需要進行合理的引導，讓大家不至於鉤心鬥角、互相猜疑，進而一同提高企業的運作效率。

職場上的鉤心鬥角只會消磨志氣，引起內訌，導致大家都「沒水喝」。員工之間不協調，工作績效就難以提升，只會把事情弄得更糟，引起痛苦煩惱。一個企業的財力與設備無論是多麼豐厚，如果沒有一群願意進行思考和清醒的人可以運用，也將是枉然。所以說，只有找對了合作的方法，職場人才能團結一致、齊心協力，才能有「喝不完的水」。

燙爐法則
違反規則必會受到懲罰

「燙爐法則」（HotStove Rule）指的是每個企業都有自己的一套規章制度，在企業之內的任何人，只要觸犯規章制度都要受到懲處。美國著名管理學家史蒂芬在《管理學》一書中，曾經提到過這樣的例子：

在一個房間裡有一個燒得火紅的爐子，你敢不敢用手去摸？要是你敢用手去觸摸火紅的爐子，你肯定會在瞬間感受到灼痛，然後，你就會得到充分的警告：「火紅的燙爐摸不得！」它使你知道，一旦接觸燙爐，會引發什麼後果。

每一次觸碰燙爐，都會得到同樣的結果，那就是被燙傷。職場中，「燙爐法則」闡述了違反企業規章制度的懲處原則：

1. **警告性原則**。企業管理者要經常對員工進行規章制度教育，以示警告。
2. **堅決懲處原則**。只要員工觸犯了企業的規章制度，就一定會受到懲處。

3. 即時性原則。如果員工犯錯，懲處會立即進行，決不拖泥帶水，以便達到及時改正錯誤行為的目的。

4. 公平性原則。不論是企業管理者還是員工，只要觸犯企業的規章制度，都要受到懲處。在企業規章制度之前，人人平等。

在職場中，每個企業都有自己的規章制度，身為企業的員工就要學會去遵守這些規章制度。俗話說「沒有規矩，不成方圓」，規章制度就是員工心中的一把「戒尺」，若觸犯了規章制度，必定要受到懲處。如果一個員工很明顯地做錯了事，或者違反了企業的規章制度，其他員工都認為他該受到嚴厲的批評時，管理者卻只說了一句：「以後小心一點」，便原諒了他的過錯的話，大家會對這件事頗感失望。不難想像，此事一定會引得大家議論紛紛，認為「為什麼主管不生氣？」「我做錯事時，被他罵得好慘！」「主管說不定欠了他什麼！」並引起大量的流言蜚語，難以平服眾怒。

管理者一旦姑息了違反企業規章制度，等到下回其他員工犯錯誤時，將難以處置員工，漸漸地企業規章制度形同虛設，企業也會因此變得難以管理。所以，該批評時必須批評，不能讓員工滋長特殊習氣，但最重要的是採取什麼樣的態度和方式能使失誤的員工虛心接受並設法改正，同時達到警示的作用。

因此，在眾人面前批評某位員工，讓其他員工引以為戒。此種「殺一儆百」的作法，其意並非真的處罰眾人，而是借由處置一人來使大家反省。

規章制度的建立，是每一個企業所必須的，為了保證制度能夠有效地貫徹實施，必須明確指示出違反規章制度的後果，設立一個「燙爐」，若有人違反，就照章辦事，一視同仁，從而收到「殺雞儆猴」的效果，日後自然不會有人敢違反規定。

《左傳》記載：孫武去見吳王闔閭，與他談論帶兵打仗之事，說得頭頭是道。吳王心想，光是紙上談兵什麼用，讓我來考考他。便出了個難題，讓孫武替他訓練嬪妃宮女。孫武挑選了一百個宮女，讓吳王的兩個寵姬擔任隊長。

孫武將列隊訓練的要領講得清清楚楚，但正式喊口令時，這些女人笑成一堆，場面一團亂，誰也不聽他的。孫武再次講解了要領，並要兩個隊長以身作則。但他一喊口令，宮女們還是滿不在乎，兩個當隊長的寵姬更是笑彎了腰。

孫武嚴厲地說道：「這裡是演武場，不是王宮；妳們現在是軍人，不是宮女；我的口令就是軍令，不是玩笑。妳們不按口令操練，兩個隊長帶頭不聽指揮，這就是公然違反軍法，理當斬首！」說完，便叫武士將兩個寵姬殺了。

場上頓時肅靜，宮女們嚇得誰也不敢出聲，當孫武再喊口令時，她們步調整齊，動作統一。經過一段時間的操練，宮女們真正成了訓練有素的軍人。

孫武派人請吳王來檢閱，吳王仍為失去兩個寵姬而惋惜，沒有心思來看宮女們操練，只是派人告訴孫武：「先生的帶兵之道我已領教，由你指揮的軍隊一定紀律嚴明，能打勝仗。」

孫武沒有說什麼廢話，而是從立下威信出發，換得了軍紀森嚴、令出必行的效果。火紅的燙爐是不講情面的，公平一致，對任何人都不講私人感情，所以它能真正做到對事不對人。「燙爐」面前人人平等，沒有誰可以憑藉特權來避免受處罰。當今職場上的關係越來越複雜，難免有一些投機取巧的員工，如果每個員工都有自己的主張，各行其是，如果管理者無法樹立權威，工作軌道會很難順暢運作。

在必要時必須殺雞駭猴，以儆效尤，讓違反規則者接受懲罰才是。只有紀律嚴明、賞罰分明、人人平等的前提下，才能讓企業的規章制度發揮應有的作用。由此可見，「燙爐法則」對於企業的發展是多麼重要。

職場休克理論

永遠保持實習生心態

有些人在職場上一段時間後，突然發現：歷來做事積極主動、認真負責的自己，突然開始感到厭倦鬆懈，甚至偶爾有不想工作的衝動；向來目標明確、躊躇滿志的自己，突然開始感到前景黑暗，焦慮煩悶……。這些人在情緒低落之於，開始自責自己究竟是怎麼了？其實，問題並不複雜，這正是「職場休克」給人們帶來的影響。

職場中人，幾乎都會遇到這種情況：長期從事某份工作，在日復一日的重複工作中，漸漸生一種疲憊、困乏，甚至厭倦的心理，在工作中難以提起興致，打不起精神，只是依仗著性來持續工作。加拿大著名心理大師克麗絲汀・馬斯勒將職業倦怠症患者稱之為「企業睡人」。

「職場休克」是危險的。那麼，遭遇此種心情時，該如何安然度過「職場休克期」，從而產生新的激情呢？答案就是永遠保持一個「實習生」的心態！

你一定還記得大學畢業實習的時候，你懷抱著滿腔的壯志，揣著對未來美好的憧憬，心中燃燒的激情，讓你感覺自己有渾身使不完的勁。你從不會遲到早退，不在意自己拿的是最少的工資，總是爭搶著去做又髒又苦的活，你相信你的付出一定會獲得回報。

的確，如果你的激情能夠持續下去，那麼你所得到的回報一定會超過你的預期。但是，遺憾的是，不久，雜亂瑣碎的工作漸漸使你煩悶，單調枯燥的日子一點點澆熄了你內心激情的火焰。

也許你的身分已不再是「實習生」，但這並不意味著你的「實習生」心態就理所當然地應該結束了。

閭丘露薇，從復旦大學哲學系畢業，到國際會計師行殺出了一片天地，再到香港成為新聞主播，進而躍升為知名的電視記者，她是第一位三進三出戰火紛飛的阿富汗的華人女記者，也是第一位在轟炸開始之後深入巴格達的華人女記者，奠定她成功的，是一路的艱辛汗水和她永不知倦的「實習生」心態。

閭丘露薇出生於上海，兩歲的時候父母就離異了，由奶奶帶著她一起生活。

一九九二年七月畢業於上海復旦大學哲學系之後，閭丘露薇和一個同學前往深圳。找到的第一份工作是汽水推銷員，這是一份非常辛苦的工作，為了省錢，她們一天只吃一頓飯。一天，她們用自行車載著汽水在大街上走，突遭大雨，由於路滑，摔倒了好幾次，不僅損失了不少汽水，閭丘露薇的胳膊也摔破了，流了很多血。回到住處後，她又發起了高燒，怕花錢，她拒絕去醫院看病，第二天仍咬著牙從床上爬起來，和同學一起出去推銷汽水。此外，她還賣過T恤和手表。總之，成名前的閭丘露薇沒有任何可圈可點之處。

後來，閭丘露薇隨丈夫移居香港，第二天就去找工作，看到一家臺灣電視臺招募編輯的廣告，一直縈繞在她心裡的記者夢被喚醒了，她立即跑去應徵，並憑著流利的英語獲得了這份工作。但是，到電視臺工作不久，她就發現了自己的差距，於是決定繼續學習深造。不久，她考取香港浸會大學的傳播學碩士研究生。這樣，她過著白天拚命工作，晚上和週末去上課的生活，甚至在懷孕、生女兒期間，她也沒有放棄過學業。一九九七年，這家電視臺的負責人跳槽到了香港鳳凰衛視。他很欣賞閭丘露薇的能力和敬業精神，就把她帶了過去。

閭丘露薇無論在哪一個工作崗位上，都一直保持著這種實習生的心態。她每天早出晚歸，搭公車上班，工作一天之後，搭得回家算是對自己一天辛苦工作的獎賞。她完全沒有優越感，也從來不在乎比別人付出更多的精力。她說：「我每天提醒自己不要翹尾巴，因為沒有一個地方是沒你不行的。」

二〇〇一年十月，主管問大家：「誰願意去阿富汗？」在大家對那個硝煙瀰漫的戰場猶豫的時候，閭丘露薇第一個舉手。

十一月，她遠赴阿富汗進行戰地採訪，因此一舉成名，成為華語傳媒中的記者明星。由於她是二〇〇三年伊拉克戰爭時，在巴格達地區唯一進行現場報導的華人女記者，所以她不僅獲得觀眾的極大關注，還被譽為「戰地玫瑰」。

但這並沒有讓閭丘露薇停止前進的腳步，她在二〇〇六年四月份的博客中寫道：「做新聞是一件很耗費心力的事情，你總是百分之一百、百分之兩百地往外吐，很快就會被掏光。我在考慮明年花一年的時間，去美國讀書，想靜下心來系統地學習充電，否則，光憑現在這樣零星的學習，即使可以保持水準，也很難再有挖掘和提高。」

閭丘露薇的經歷讓我們明白，成功是由很多因素決定的，例如運氣和機遇等。但是唯一不可或缺的，是永不倦怠的心態。職場上，最讓人尊敬的就是「實習生」的心態。「實習生」常常因為自己處於實習階段，所以有著與自以為有資歷的老員工完全不同的心態。他們有著專業敬業的素質、忠誠如一的責任心，他們有著永不停頓的學習進取精神。

當你對自己的工作產生了厭倦和煩悶的時候，想一想，自己當初的那份心態去哪了？不要讓「職場休克」阻擋了你前進的腳步，只要有正確的態度，就能化沮喪、挫敗為樂觀、自信與成功。因此，不要再在職場上「休克」下去了，想一想當初的那份激情，重拾起來，永遠保持著「實習生」的心態，永遠脫離「職場休克」！帶著激情，去迎接每一個挑戰。

吉格勒定理

職業目標很重要

「設定一個目標，就等於達成了目標的一部分。」這簡單扼要的論斷，就是著名的「吉格勒定理」（Giegler Theory）。美國行為學家J．吉格勒告訴我們，人除了生命本身，沒有任何才能不需要後天鍛鍊。而這種鍛鍊，就是要為自己設定一個目標，並克服重重艱難險阻去實現它。經過這樣的鍛鍊，即使不是天才，也一定能獲得成功。

「吉格勒定理」凸顯了後天培養在人才成長的決定性作用。它告訴人們，一開始**擁有一個很高的目標，意味著從一開始你就知道自己的目的地在哪裡，以及當前的所在位置**。始終朝著自己的目標前進，至少可以肯定你邁出的每一步都是正確的，每一步都縮短了與目標的距離。如果一開始就有最終的目標，就會呈現出與眾不同的眼界，你的人生也就成功了一半。

許多想在職場上有一番作為的人，總抱怨自己的資質有限，不知何時能成功。其實，那些靠自己努力開拓一片天地的人，並沒有幾個稱得上是天才的。你之所以不成功，一事無成，不是因為沒有足夠的資質，而是缺少他們那種雄心勃勃、排除萬難、邁向成功的動力，不敢為自己制訂一個高遠的奮鬥目標。記住，**設定一個高遠目標，就等於達到了目標的一部分**。

目標，對於事業成功來說，就像陽光、水對於人們的生命一樣。沒有陽光、水，無法想像人們將如何生存；同樣的，沒有了目標，人們的事業將變得毫無希望。

趙宇兩年前從大學畢業之後，分別在物流、廣告設計、圖書發行公司的不同崗位上工作過。最近，他又要辦辭職手續，打算去上海發展。

朋友問他：「你去上海準備找什麼工作？」

「這個我還沒有想好，但我想找一個待遇好點的工作，總之，我要離開這個破公司。」

像趙宇這樣的年輕人，在現實生活中是很多的。他們不知道，自己應該做些什麼，應該怎麼做，僅僅單純憑藉工資的高低以及一時的喜好，對自己的工作進行判斷，來確定是留在一家企業，還是換一家企業。這種想法導致了他們盲目地更換工作，導致了他們在事業方面，遲遲打不開局面，始終在動盪的跳槽生涯裡打轉。

那麼出現這種現象的根源在哪裡呢？其實就在於**缺乏具體的發展目標**，**所以只能像隨波逐流的浮葉，哪裡都是方向，哪裡也都不是方向**。只有儘早確立自己的發展方向，確定自己的職業目標，然後再持之以恆地去努力，才能得到最終的成功。

蘇飛大學畢業後，在一家公司擔任服務顧問，一做就是四年。但是他從沒想過跳槽，他想現在社會上的徵才條件，都是要求大學畢業、英語程度優秀，自己是專科學歷，英語又不是很好，與其費盡心力地考慮換工作，不如把手上的工作做好，雖然薪水不高，但只要認真踏實地做，認真學習公司的技能，總有晉升和加薪的時候。除此之外，蘇飛還報了進修班，下班後就去上課，不斷充電，以掌握更多的知識和技能，提高自己的能力，在這個競爭激烈的社會，只有堅持學習才不會被淘汰。

蘇飛的苦心，確實沒有白費，四年後，蘇飛成了公司的幹部。當服務部經理辭職，蘇飛順理成章地接替了經理的職務，成為公司的管理階層。

蘇飛的成功不在於他有多麼出眾的才華，主要是他對自己有準確的定位，他的職業目標很明確，如此便不會失去努力的方向，而是一步一腳印，向自己的既定目標走去。當你樹立了宏偉的志向時，你會去為自己的夢想努力打拚，會自覺地完善自己，從而完成自己的夢想。

如果你還在為自己的職場生涯而躊躇迷茫的話，不妨為自己設定一個高遠的職場目標，從一開始就看清自己的目的地在哪裡，朝著它不懈前進，相信一定會有達成的一天。

蔡加尼克效應
學會排解工作中的壓力

法國心理學家布盧瑪・蔡加尼克曾做過一次頗有意義的實驗：他將自願受試者分為兩組，讓他們去完成二十項工作。其間，蔡加尼克對一組受試者進行干預，使他們無法繼續工作而未能完成任務，而對另一組則讓他們順利完成全部工作。實驗得到不同的結果。雖然所有受試者接受任務時都顯現緊張狀態，但順利完成任務者，緊張狀態隨之消失；而未能完成任務者，緊張狀態持續存在，他們的思緒總是被那些未能完成的工作所困擾，心理上的緊張壓力難以消失。這種因工作壓力所致的緊張狀態，即被稱為「蔡加尼克效應」（Zeigarnik Effect）。

「蔡加尼克效應」告訴人們：**一個人在接受一項工作時，就會產生一定的緊張心理，只有任務完成，緊張才會解除**。如果任務沒有完成，則緊張的感覺會持續下去。

隨著科學技術的發展和知識訊息量的增加，白領階層的腦力勞動者，工作節奏日趨緊張，心理負荷亦日益加重，特別容易引發「蔡加尼克效應」。例如報刊的編輯人員在出刊前夕之外的時間，仍然會考慮組稿、編排等工作；科技業研發人員，研究課題經常會連綿不斷地呈現在眼前……有時，那些尚未解決的問題或未完成的工作，會像影子一樣困擾著你。時間久了，就會引發焦慮感，久而久之可能引發身心疾病。因此，學會緩解心理上的緊張狀態，是現代上班族的必要課題。

1.抽出一點時間運動。定時運動不僅對健康有所助益，對於時間管理也有好處。

2.盡可能每天小睡片刻。當然，並不是所有的人都有小睡一會兒的條件。午睡並不是人人都可以做得到的，但如果你屬於那種只有在小睡之後才能振作起來工作的人，那就要想盡一切辦法安排一次小睡，以提高工作效率。

3.讓心靈保持一份寧靜。人的心靈需要安靜、獨處與平和的時間，以利於緩解競爭的壓力，減低忙碌的工作而帶來的煩惱，並體驗到寧靜的療癒作用。

有一種方法叫做「超自然默想」。每天靜坐兩次，共二十分鐘，閉起雙眼，讓心智任意神遊。很多試驗此方法的人都說，這樣訓練的結果使他們更為機敏，緊張的感覺也大為緩解。所以，在你繁忙的工作中，找幾分鐘停下來靜想或是思考，是絕對會有所收穫的。

4.凡事安排得當，但不要「趕」和「急」。「趕」可以提高完成工作的進度，但很難保證工作品質；「急」則很可能造成錯誤或麻煩。很多人在面對一大堆工作的時候，只想著要趕快完成，最後事情也許做完了，但是品質卻不一定好。甚至因為心裡著急，常常事必躬親，弄得人仰馬翻，讓共事者的壓力也隨之增大。

我們不僅需要管理時間、提高效率，更重要的是管理好自己的內心。心理學家認為，放鬆狀態最有利於激發人的潛力。在放鬆的狀態時，是最能發揮實力的狀態，潛力能得到最大限度的釋放。所以，越是緊張的時候越要學會放鬆，試著放慢腳步，看看周圍的情況，然後再來決定如何繼續完成工作。

身在職場的人們要學會給自己減壓。學會主動管理自己的情緒，注重休閒生活品質，不要把工作上的壓力帶回家。適當地放鬆，讓自己遠離「蔡加尼克效應」。

Chapter 08

成功心理學：

你和成功
只有一線之隔

泡菜效應

想變富有，就跟有錢人在一起

同樣的蔬菜在不同的水中浸泡一段時間後，將它們分開煮，其味道是不一樣的。這就是人們所說的「泡菜效應」（Kimchi Effect）。根據這個原理可知，人在不同的環境裡，由於長期耳濡目染，其性格、氣質和思維的方式等都會有明顯的差別，這正如人們常說的「近朱者赤，近墨者黑」。

「泡菜效應」揭示了「人是環境之子」的道理，**環境對人的成長具有不可抗拒的影響作用**。有句話說得好，你是誰並不重要，重要的是你和誰在一起。雄鷹在雞窩裡長大，就會失去飛翔的本領，怎能搏擊長空，翱翔藍天？野狼在羊群裡長大，也會喪失狼性，怎能叱吒風雲、馳騁大地？因此，和什麼樣的人在一起，你就會成為什麼樣的人！

如果你想成為富人，那麼一定要和有錢人在一起，因為他會告訴你如何致富。

舉個例子來看：

假如你一直對自己每月三萬元的薪水不太滿意，想尋找更好的機會，但你那些月薪兩萬五千元的朋友會告訴你，掙錢是多麼的不容易，應該好好地珍惜現在的機會，不應該瞎折騰。久而久之，你就會有相同的想法，從而打消換工作的念頭。

如果你的朋友都是月薪五萬元的人，他們一定會告訴你，憑藉你的能力完全可以掙得更多，不應該安於現狀，應該想辦法去爭取更好的機會。在他們的激勵下，你就會覺得每個月掙五、六萬元並沒有想像中的那樣困難，也就會滿懷信心地透過提高自己的能力去爭取更好的發展機會，結果你一定會脫離三萬元月薪的現狀。

可見，在富人思維的影響下，你會不知不覺地加快追逐財富的腳步。成功是一個磁場，失敗也是。一個人生活的環境，對他樹立理想和取得成功有著重要的影響。周圍的環境是愉快的，還是不和諧的，身邊的朋友是經常激勵你，還是經常打擊你，都關係到你的前途。如果你能和有錢人保持密切關係，終有一天會加入富人的隊伍。

在一個主題為「創造財富」的論壇上，一個專家說：「請寫下和你相處時間最多的六個人，也是與你關係最親密的六個朋友，記下他們每個人的月收入，從他們的收入，我就知道你的收入」，現場有很多人都在問：「為什麼？」專家回答道：「因為你的收入就是這六個人月收入的平均數！」

大家都說他這是在胡言亂語，怎麼可能呢？但是，經過測驗，驗證了這一「真理」。大家覺得這實在讓人不可思議，最後，這個專家總結說：一個人的財富，與他關係最親密的朋友關聯至深。

假如讓一個有錢人生活在窮人中間，久而久之，他的心態就演變為窮人的心態，思維演變成了窮人的思維，做出來的事也就是窮人的模式了。同樣的，如果一個窮人，生活在有錢人中間，他耳濡目染，就學會了富人的思維方式和處世方法，慢慢地一定會脫離貧窮。所以，一個生活在窮人中間的窮人，要想成為有錢人，很多時候必須和自己的窮人心態與思維說拜拜。這絕不是背叛，而是一種自我改造。

一位百萬富翁登門請教一位千萬富翁。

「為什麼你能成為千萬富翁，而我卻只能成為百萬富翁，難道我還不夠努力嗎？」百萬富翁很鬱悶地問道。

「你平時和什麼人在一起？」

「和我在一起的全都是百萬富翁，他們都很有錢，很有素質……」那位百萬富翁自豪地回答。

「呵呵，我平時都是和千萬富翁在一起，這就是我能成為千萬富翁，而你卻只能成為百萬富翁的差別。」那位千萬富翁輕鬆地回答。

窮人之所以窮，不僅僅是因為他們沒有錢，而是他們根本就缺乏一個賺錢的頭腦，**有錢人富有並不僅僅是因為他們手裡擁有大量的金錢，而是他們擁有一個賺錢的頭腦，擁有一個富人的思維**。向有錢的人學習他們的創業經驗，和他們相處，你會獲得很多啟示和把握發財的機會；而如果你在窮人中間，除了學會怎樣節儉之外，是什麼都得不到的。

一千個讀者心目中會有一千個哈姆雷特！因此，你想成為什麼樣子的人，就和什麼樣子的人在一起吧！如果你想成為一個有錢人，無論你現在多麼窮，都要和有錢人在一起，汲取他們致富的思想，學習他們成功的經驗，如此才能實現你人生的目標。

最後通牒效應

讓拖延滾一邊去吧

人們對於不需要立即完成的任務，總是習慣在最後期限即將到來時，才努力去完成。這在心理學上叫做「最後通牒效應」。人們大多時候都具有這種拖延的傾向：在從事某一活動時，總覺得準備不足，能拖延就拖延，但在不能再拖延的情況下，例如條件不允許或到了規定時間，人們基本上也能完成任務。

瑪律頓說：「**拖延最能損壞和降低人們做事的努力。**」拖延是一種對待生活的消極態度，如果你總是寄希望於明天，你終將會被拖入一事無成的境地。**昨天，是作廢的支票；明天，是尚未兌現的期票；只有今天，才是現金，才能隨時兌現一切！**

奧格・曼狄諾講過這樣一個故事：有位很有才氣的教授告訴朋友，他想寫一本傳記，專門研究「幾十年以前，一個讓人議論紛紛的人物逸事」。這個主題既有趣又少見，真的很吸引人。這位教授知道得很多，他的文筆又生動，這個計畫註定會替他贏得很大的成就、名譽與財富。

一年過後，教授的朋友碰到教授時，無意中提到他那本書是不是快要大功告成了？老天爺，他根本就沒寫！教授猶豫了一下，好像正在考慮怎麼解釋才好。最後終於說他太忙了，還有許多更重要的任務要完成，因此自然沒有時間寫了。

他這麼辯解，其實就是要把這個計畫埋進墳墓。他找出各種消極的想法。他已經想到寫書多麼累人，因此不想找麻煩，事情還沒做，就已經想到失敗的理由了。

拿破崙・希爾認為，天下最悲哀的一句話就是：「我當時真應該那麼做，卻沒有那麼做。」拖延的習慣總是讓人們陷入一事無成的困境，所以**每一個想要成功的人，都應該改掉拖延的壞習慣，千萬不要讓自己成為愛拖延的白日夢者和行動的侏儒！**心理學認為，人們拖延的真正原因其實就是恐懼，而驅除恐懼唯一辦法，就是迎向它，行動起來，儘早完成任務，這樣才能脫離恐懼。

美國副總統亨利・威爾遜出生在一個貧困家庭。在困境中成長的亨利・威爾遜下定決心，不讓任何一個發展自我、提升自我的機會溜走。很少有人能像他一樣深刻地理解勤奮的價值。他像抓住黃金一樣，緊緊地抓住時間，不讓時間浪費掉一分一秒。

亨利・威爾遜在二十一歲之前，就已經讀了一千本好書，這對一個農場裡的孩子而言，是多麼艱鉅的任務啊！在離開農場之後，他徒步到一百六十公里之外的麻塞諸塞州的內蒂克去學習皮匠手藝。他風塵僕僕地經過了波士頓，在那裡他可以看見邦克・希爾紀念碑和其他歷史名勝。整個旅行只花費了他一美元六美分。

一年之後，亨利・威爾遜已經在內蒂克的一個辯論俱樂部脫穎而出，成為其中的佼佼者。後來，他在麻塞諸塞州的議會發表了著名的反對奴隸制度的演說，此時距他到這裡尚不到八年。十二年之後，他與著名的查理斯・薩姆納平起平坐，進入了國會。對於亨利・威爾遜來說，勤奮的學習是他走向成功之路的階梯。

讓拖延見鬼去吧！立即行動才是你現在最應該做的；讓拖延見鬼去吧！拖延已經毀掉你的不少寶貴的時間了，如果你不想後悔，那麼就趕快行動吧！

班傑明・富蘭克林說：「把握今日等於擁有兩倍的明日。」將今天該做的事拖延到明天，但即使到了明天，仍無法做好的人，約有一半的人。我們應該堅持今日事今日畢，如果連今日事都做不完，又該怎麼做大事？成功更是遙遙無期。別再拖延，盡快往前邁進吧！

約拿情結

戒掉「成功恐懼症」

「約拿情結」（Jonas-Komplex）指的是一種對最高成功所懷有的既追崇又害怕的心理。著名的人本主義心理學家馬斯洛在《人性能達的境界》中首次使用了這個詞彙，最初，他的筆記中稱這種情結為「對自身傑出的畏懼」或「躲開自己的最佳天才」。

大多數人內心都深藏著「約拿情結」，尤其是當成功機會降臨的時候，「約拿情結」尤為明顯。因為要抓住成功的機會，就意味著要付出相當的努力，而且要面對許多無法預料的變化，並承擔可能導致失敗的風險。因此，面對成功，很多人都會懷有這種「成功恐懼症」。

美國心理學家荷馬曾提出「成功恐懼症」的理論，指出一些人普遍存在一種害怕成功的心理。成功是個人自我價值實現的表現形式，是值得慶幸的一件好事。有成功相伴，更應該是一種值得慶幸的好事。但事實上，很多人卻患了「成功恐懼症」。

「約拿情結」是人類普遍存在的一種心理現象。**每個人都希望自己取得成功，但當面臨成功時，卻又總伴隨著心理迷惘：在自信的同時又自卑；不僅躲避自己的低谷，也**

躲避自己的高峰。「約拿情結」發展到極致，就是「自毀情結」，即面對榮譽、成功或幸福等美好的事物時，總是浮現「我不配」、「我受不了」的念頭，最終與成功的機會擦肩而過。

卡爾・蒙尼格在他的名著《反對自己的人》中寫道，現代人陷入一種群體性的恐懼，彷彿害怕自己變得成熟，害怕自己取得成就。靈魂承受著恐懼和負罪感的折磨，就是要自己陷入失敗！

有一個約聘編輯，工作一直很努力，最近由於工作業績突出，受到表彰。但就在接受表彰的那一天，突然暈了過去。因為他無法面對接下來的生活，不知道接下來的路要怎麼走。

他懷疑自己的能力，只因為他是個約聘編輯，他害怕自己一旦做不好，就可能被報社解除僱用合約。不僅在工作中，在其他場合，他也開始懷疑自己的能力。自我懷疑已經成為他日常生活的一部分，他不知道該如何停止懷疑。

成功恐懼症在人們的生活中無處不在。成功沒有帶給他們滿足感，卻讓他們感到越來越多的恐懼和焦慮。

很多人總是把外部條件看得很重，而忽略了成功的內因源自自信心和進取心。自信心能告訴你「我能做到」；進取心能激勵你向所有人證明「我能做到」。需要堅守的時候，絕不能放棄。有時你只差半步就成功了，需要的只是提高自己的意志力和心理承受能力。

「約拿情結」是我們平衡自己內心壓力的一種表現。我們每個人都有成功的機會，但是在面臨機會的時候，只有少數人能夠打破平衡，認識並克服自己的「約拿情結」，這也是為什麼只有少數人成功，而大多數人平庸一世的原因！

基安很小的時候隨母親從義大利到了美國，在汽車城底特律度過了悲慘的童年，是個極度自卑的孩子。基安的父親說，基安將一事無成，這更令他沮喪。

基安的母親似乎發現了基安的自卑傾向，告訴他：「世界上沒有誰跟你一樣，你是獨一無二的。」他心裡燃起了希望之火，拚命認定自己是第一的，沒人能比得上他。

基安第一次去應徵工作的時候，這家公司的祕書索取他的個人資料，他遞上一張黑桃A。結果立刻得到面試的機會，經理問他：「為什麼是黑桃A？」

「因為A代表第一，而我剛好是第一」他滿懷自信地回答。

所以他被錄用了。事實上他成了世界第一。他一年推銷一千四百二十五輛汽車，創造了金氏世界紀錄。

拿破崙・希爾告訴人們：「只要有信心，你就可以移動一座山。」只要熱愛自己，**相信自己能成功，並努力去證明自己，就一定會贏得成功。**

當然，最關鍵的還在於自己。**想要渴望成功，就要先減少對成功不必要的擔心與恐懼，最好的辦法就是正確認識這樣的心理現象。**對成功的恐懼不是先天就有的，而是後天積累的結果，如果能夠消除對成功的恐懼，你將會獲得屬於自己的輝煌。

每個人成功的道路，註定都是艱辛無比。很多人不敢向自己的最高峰挑戰，就是因為不相信自己，覺得自己不可能成功。如果你逼迫自己勇攀最高峰，總有一天會發現，所有你曾經畏懼的東西，都會被踩在腳下。如果你因為害怕成功導致放棄，你將永遠無法成功，註定只能做生活的「弱者」。

鯰魚效應

沒有壓力就沒有動力

古時候，日本漁民出海捕鰻魚，因為船小，回到岸邊時鰻魚幾乎都死光了。漁民後來想出一個辦法，在盛裝鰻魚的船艙裡，放進了一些狗魚。鰻魚和狗魚天生就是死對頭，為了對付狗魚，鰻魚竭力反擊。一直處於緊張狀態中的鰻魚燃起自然求生的本能，所以一直保持著很強的生命力。人們把這個哲理命名為「鯰魚效應」（Catfish Effect）也稱狗魚效應。

聰明的漁民透過這種現象，悟出了人生的道理：**要勇於接受挑戰，只有在挑戰中，生命才會充滿生機和希望**。

在自然界中，「鯰魚效應」十分常見。科學家曾觀察過大自然中的鹿群，他們發現，如果一個鹿群的活動區域內沒有狼等天敵，這群鹿便缺少危機感，不再奔跑，身體素質會下降，種群繁衍也會大受影響。

一位名不見經傳的年輕人第一次參加馬拉松比賽就獲得了冠軍，並且打破了世界紀錄。當他衝過終點後，許多記者蜂擁而至，爭先恐後地對他進行採訪，不停地問他：「你是如何取得這樣好的成績的？」

年輕的冠軍氣喘如牛地說：「因為……因為我的身後有一隻狼。」原來在三年前，他開始練習長跑，訓練的基地是在山區，每天淩晨兩、三點鐘就起床訓練，但是他費盡了全力，也沒有太大的進步。

有一天清晨，他在訓練途中，突然身後傳來狼的叫聲，一開始是零星的幾聲，似乎還很遙遠，但很快地就急促起來，而且這隻狼在他身後。他知道狼已經盯上了自己，他甚至不敢回頭，沒命地向前奔跑。所以，他那天訓練的成績好極了，後來教練問他原因，他說聽見了有狼在叫，並且在追他。

教練意味深長地說：「原來不是你不行，而是你身後缺少一隻狼。」

他後來才知道，那天清晨根本就沒有狼，他聽見的狼叫，是教練裝出來的。從那以後，他每次訓練時，都想像著自己的身後有一隻狼，從此成績突飛猛進。在今天的馬拉松比賽上，他依然想像著自己身後有一隻狼，所以他成功了。

早在兩千多年前，孟子就說了：「生於憂患，死於安樂。」當太陽一出來，非洲大草原上的動物就必須開始奔跑。獅子知道，如果牠跑不過最慢的羚羊就會餓死；羚羊也知道，如果牠跑不過最快的獅子就會被吃掉。

其實很多時候，困難和壓力就是人們的「狗魚」。對於它們，不少人都抱持著厭惡和憎恨的態度。可是沒有它們，怎麼去體現人們的能力和進步呢？沒有「狗魚」，就沒有鮮活的「鰻魚」。所以，**將厭惡的態度轉換為感恩**吧，感謝緊咬著你的「狗魚」。正是因為「狗魚」的存在，才讓人們重新燃起了希望。

當你面臨危機，甚至是生死存亡的時刻，就要有一種破釜沉舟，背水一戰的心理準備。只有你把自己置之死地方可後生，迸發出自己都無法想像出的力量，從而贏得生機。

楚霸王項羽率領楚軍援救趙國時，看到秦軍十分強大，很多將士都出現了畏戰情緒。於是項羽親自率領一支精幹部隊打先鋒，直接迎戰秦軍的主力。

當部隊過了滔滔漳河，項羽命令部下：「把過了河的船通通鑿穿，沉入河底；把做飯的鍋全部砸碎，丟棄不要。軍隊只帶三天的糧草，急行軍迎擊敵人。」和秦軍交戰後，楚軍因為失去了退路，個個奮勇當先，結果接連取得了九戰九勝的戰績，一舉扭轉了整個戰局。

外界給了人們很大的壓力，人們更應該放棄一切與壓力抗衡。只有不斷地充實自己，拿出把一切置之度外的勇氣，就能贏得成功。每一次承受壓力、成功突圍的經歷都彌足珍貴，因為它是個人成長和事業發展過程中，最珍貴的寶物。

有句話說：「拿出勇氣去改變你所能夠改變的，接受那些你無法改變的東西，並明智地判斷你是否有能力改變它們。」不是你不能改變，而是你沒有豁出去的勇氣。當你迎難而上時，不要畏懼它，拿出勇氣對抗它，困難便會迎刃而解。

登門檻效應

步步為營，邁向成功

「登門檻效應」（Skips Threshold Effect）又稱「得寸進尺效應」（Foot In The Door Effect），是指一個人一旦接受了他人一個微不足道的要求，為了避免認知上的不協調，或想給他人前後一致的印象，就有可能接受更大的要求。登門檻時要一級臺階一級臺階的登，才能順利地登上高處的門檻。

這個效應是美國社會心理學家弗里德曼與弗雷瑟於一九九六年所進行的「無壓力的屈從——登門檻技術」的現場實驗中提出的。

一般情況下，人們都不願接受難度較高的要求，因為它費時費力又難以成功，相反，人們卻樂於接受較小的、較易完成的要求，在實現了較小的要求後，人們才慢慢地接受較大的要求，這就是「登門檻效應」對人的影響。

「登門檻效應」告訴人們，不妨在定位的時候，把自己放低一點，由低走高，這樣反倒會收到從低起點登堂入室的效果，讓人眼前一亮，對你刮目相看。《菜根譚》提到：「攻之惡勿太嚴，要思其堪受；教人之善勿太高，當使人可從。」那些把自己困死在高起點上，不肯屈尊降貴的人，結果只能是以失敗收場。**成功不是一蹴而就的，而是一步一步積累起來的。**

丁奇是少有的女性博士畢業生，但卻因為條件太高而遲遲找不到工作。在經過無數次面試碰壁之後，丁奇終於決定換一種方法找工作。丁奇收起所有的學歷證明，自降身分，去找一份工作。結果出乎意料，丁奇很容易地進入了一家電腦公司，成為一名最基層的程式編寫人員。

沒過多久，上司就發現丁奇才華出眾——竟然能指出程式中的錯誤。這時候丁奇把自己的大學畢業證書拿出來，於是上司就給她調換了一個與大學畢業生水準的工作。

沒有多久，丁奇在新的崗位上也遊刃有餘時，她又亮出自己的碩士身分，老闆又提升了她。從此以後，老闆就開始注意丁奇了，發現她應付現在的工作仍然綽綽有餘，於是再次找她談話。這時丁奇拿出博士學位證書，並說明了自己這樣做的原因，老闆這才明白怎麼回事，更對丁奇由低走高，踏實的工作風格讚不絕口。理所當然的，丁奇在這個公司裡受到了重用。

你比別人強，還有比你更強的，你大學畢業，比那些專科畢業生有優勢，可是站在你後面的就是碩士生，碩士生後面還有博士生。總之，山外有山，樓外有樓，在強者如雲的隊伍裡，要想勝出談何容易！在大家都往高處擠的時候，你何不放下架子，降低身分，從低起點上登堂入室呢？

當你有一個遠大、宏偉的目標時，不妨也運用一下「登門檻效應」，把目標不斷細分，化解成一個個比較容易實現的階段性目標。如此不僅有助於明確自己的任務，肯定自己的成績，還能踏踏實實，走向成功。

日本馬拉松選手山田本一可謂是「一跑成名」。一九八四年，在東京國際馬拉松邀請賽上，名不見經傳的日本選手山田本一出人意料地奪得了世界冠軍。當記者問他取勝技巧時，他只說了「憑智慧戰勝對手」這麼一句話，當時許多人認為這純屬偶然，他只是在故弄玄虛。兩年後，在義大利國際馬拉松邀請賽上，山田本一再次奪冠。記者又請他談經驗，性情木訥的山田本一還是那句話：「用智慧戰勝對手。」許多人對此大惑不解。

十年後，山田本一在自傳中解開了這個謎，他是這麼說的：「每次比賽前，我都要乘車把比賽的路線仔細看一遍，並畫下沿途比較醒目的標誌，例如第一個標誌是銀行，第二個標誌是紅房子……這樣一直畫到賽程終點。比賽開始後，我以百米的速度奮力向第一個目標衝去，等到達第一個目標後，我又以同樣的速度向第二個目標衝去……四十多公里的賽程，就被我分成這麼八個小目標輕鬆完成了。最初，我並不懂得這個道理。我把目標定在四十公里外的終點線上，結果我跑到十幾公里就疲憊不堪了，我被前面那段遙遠的路程給嚇倒了。」

山田本一成功的訣竅，正是巧妙地利用了「登門檻效應」，針對自己最終的目標，設定與之相符的階段性目標。這就像把一個遙不可及的光環放在高臺上，而人們所要做的，就是一步一個臺階向上攀登，最終，光環就會籠罩在人們頭上。

在就業形勢日趨嚴峻的今天，如果想在事業上有一番作為，就要由低走高，步步為營。從「入門」開始，從低起點上起步，如此一來，不僅選擇的機會增多了，成功也指日可待了。

樓再高，也有樓梯通到頂層；山再高，也會有抵達山頂的羊腸小路；不管再困難的事都會有完成的途徑，只要你能潛下心來找到「臺階」，一步一個腳印，步步為營，穩紮穩打，就一定能獲得成功。

競爭優勢效應
合作才能雙贏

心理學曾有這樣一個經典的實驗：

將參與實驗的學生分為兩人一組，雙方未能事先商量的情況下，各自在紙上寫下自己想要得到的金額。如果兩個人的金額數之和剛好等於一百或者小於一百，那麼這兩個人就可以得到自己寫在紙上的金額；如果兩個人的金額數之和大於一百，例如說兩人金額數之和是一百二十，這兩人就要分別付給心理學家六十元。結果如何？幾乎沒有任何一組學生寫下的金額之和小於一百，當然他們都得付錢給心理學家。

這個實驗反映了所謂的「競爭優勢效應」（Competing Advantage Effect）：在雙方有共同利益的時候，人們也往往會選擇競爭，而不是選擇對雙方都有利的合作。

社會心理學家認為，人們與生俱來有一種競爭的天性，每個人都希望自己比別人強，每個人都不能容忍自己的對手比自己強，因此，人們在面對利益衝突的時候，往往會選擇競爭，即使是拚個兩敗俱傷，也在所不惜。

波濤洶湧的人生競技場猶如戰場，每個人都要時刻做好迎戰的準備。不要天真地以為可以憑藉一己之力戰勝敵人。因為即使是戰無不勝的將軍，也不可能以一個人的力量贏得一場戰爭。

一隻獵豹和一隻野狼同時發現一隻羚羊，於是商量好共同去追捕那隻羚羊。牠們「配合」得很好，當羚羊從對面過來時，野狼一口氣將羚羊撲倒，獵豹便上前把羚羊咬死。可是這時獵豹起了貪念，不想和野狼分享這隻羚羊，想把野狼也咬死。後來經過一番廝殺，野狼最終被獵豹咬死，但獵豹也受了重傷，因而無法悠哉悠哉地獨享美味。

如果獵豹不起貪念，和野狼共用那隻羚羊，不就皆大歡喜了嗎？也許有人會說，這是動物的生存法則，在大自然中弱肉強食是講力量，而不是講日後長久利益的，這只是生存上的需要。但人類社會和動物世界不同，人類社會遠比動物世界複雜，個人與個人之間、團體與團體之間的依存關係相當緊密，除了競賽之外，任何「你死我活」或「你活我死」的遊戲對自己都是不利的。因此「孤軍作戰」並不是人類社會的生存之道，「並肩作戰」這樣的雙贏之道才是企業間的現行王道。

面對現在激烈的競爭，要學會與人合作，在合作中得到雙贏。**團隊合作精神，是**

現代社會每個人都必須具備的特質。著名心理學家榮格有一個很著名的公式：「我+我們=完整的我」。絕對的「我」是不存在的，只有融入「我們」的「我」才是「完整的我」。合作為每一個人營造了一個自由的發展空間，因此，合作才是社會的基調。

三國亂世之中，劉備、關羽、張飛在桃園結義，在誓詞中明確地建立了三人的共同願景，即「同心協力，救困扶危；上報國家，下安黎庶。不求同年同月同日生，只願同年同月同日死」。經過結拜成為兄弟，三人就已經確立強強聯手的「戰略聯盟」，為以後「匡復漢室」打下了牢固的戰略基礎，從而成就了千古美名，也奠定了西蜀王朝的根基。之後三分天下，西蜀稱帝。劉備始為皇帝，關羽、張飛也成開國元勳、西蜀重臣。

董卓之亂時，呂布稱梟雄。劉備、關羽、張飛三英大戰呂布，卻只打成平手，可見呂布何等厲害。但呂布匹夫無助，枉自豪勇，最終被曹操所殺。

回頭看看，劉備、關羽、張飛結義之時，三人均是下層草民。劉備雖是漢室皇親，卻落得流浪街市，販席為生。張飛只是一個屠夫。關羽殺人在逃，無處立身。三人的合作，正是建立在利益一致、一起打天下，共創一番偉業的基礎上。所以結義為兄弟的三人，才能彼此珍重，相得益彰。

正是桃園的三結義成就了劉備、關羽、張飛。試想，如果當初三個人沒有相遇，那麼劉備也許只能一生賣草席。關羽和張飛成就了劉備，同樣劉備也成就了關羽、張飛。

美國著名實業家亨利・福特說：「相聚，是開始；團結，是進步；合作，則是成功。」沒有錯，**只有團結合作，才是縱情商海，實現「黃土變黃金」美夢的保證**。缺乏團結一致的合作精神不可能獲得前進，這就像幾匹馬拉一輛車行駛一樣，當所有的馬朝著一個方向，步調協調地奔跑時，這輛車才能順利前進；如果幾匹馬朝著不同的方向前進，這輛車根本無法前進，如果步調相反，甚至會導致馬車翻倒。

「一把筷子不易折斷」的道理，人人都明白，可是又有多少時候，人們能隨時記得把它運用到自己的為人處世和工作環境中去呢？人們總希望比別人得到更多，比別人更強，但卻往往會讓自己變得淺薄、短視。每個人都應懂得在競爭中合作，懂得「競爭優勢效應」。在競爭中謀求雙贏，是一種成熟的智慧，它促進人類和諧發展，互利共榮。只有「雙贏」，才是真正的贏。

臨界點理論

成功有時只差在堅持一下

冰在超過〇℃之後就化成了水，水在超過一〇〇℃之後又變成了水蒸氣。物理變化中往往存在這樣的臨界點，在其前後物質的狀態和性質會發生很大的變化；在化學變化的過程中，剛開始往往難以看出變化的痕跡，但當溫度等外部環境超過一定標準，達到臨界點之後，往往就會產生新的物質。

由此可見，臨界點是一個特別重要的標誌。再堅持一分鐘，達到了臨界點，就可以得到完全不同的結果。這就是「臨界點理論」（Critical Point Theory）。

我們的一生中，經常會遇到各式各樣的問題與挫折。在你咬緊牙關的那一刻，就是你做一件事情的「臨界點」。臨界點好比是從量變到質變的那個交界處，許多人都在「量」的積累過程中放棄了，有些甚至就在最後一步的地方以失敗收場。其實有時候，只要你再堅持一下，跨過臨界點，那麼成功就會出現在你的眼前。

足球場上，勝利常常掌握在那些堅持到最後一秒的隊伍手中。二〇〇八年歐洲錦標賽的一場比賽中，克羅埃西亞和土耳其在全場九十分鐘的比賽中，戰成〇比〇平手。此時，看臺上的觀眾都打起瞌睡，因為結局似乎已經揭曉。但是，在延長賽進行到全場第一百一十九分鐘時，克羅埃西亞隊的伊凡・克拉斯尼奇頭球頂空門成功，讓克羅埃西亞以一比〇領先土耳其。所有人都認為，勝利已經是克羅埃西亞的了。但是，土耳其隊卻沒有放棄，他們在最後的幾分鐘裡堅持著進攻、堅持著求勝的渴望，正是這個信念和堅持，在全場第一百二十二分鐘時，土耳其破門，不可思議地將比分扳平。

在接下來的點球決戰中，土耳其依然堅持著必勝的信念，終於以三比一勝出。正是土耳其隊員的不懈拚搏，在最後加時賽中超越了臨界點，從而創造了奇蹟。

機會對每一個人都是公平的，區別就在於你是否能多堅持一下。要想成就一番事業，只有咬緊牙關，頑強地往前走，決不後退半步，你將能做到別人無法達成的目標。在現實生活中，人們經常在做了99%的努力之後，放棄了最後可以讓他們成功的1%。不要讓這種「只差一步」的狀況發生在你身上。**失敗往往不是因為你不夠努力，而是因為你不夠堅持，當你放棄了堅持的時候，成功也放棄了你。**

美國總統卡爾文・柯立芝曾說：「世界上沒有一樣東西可以取代毅力，只有毅力和決心無往而不勝。」行百里者就是從不氣餒，從不退縮，勇敢地跨越生命的臨界點，才能笑到最後。

德爾西是一家大公司的老闆，他最喜歡對員工說的一句話，就是：「夥計，你還有機會，別灰心，再堅持一下，一定能成功。」

一天，新產品開發部經理傑森向德爾西彙報：「老闆，這次實驗又失敗了，我看就別搞了，都第十七次了。」傑森緊皺眉頭。

德爾西勸慰他說：「有時候事情就是這樣，你屢做屢敗，眼看沒有希望了，但堅持一下，沒準兒就能成功。」

德爾西看傑森還是沒有堅持下去的信心，接著說：「我三十一歲那年，發明了一種新型節能燈，但是，進一步完善還需要一大筆資金，可我沒錢。我好不容易說服了一個私人銀行家，他答應給我投資。但沒想到，就在我要與銀行家簽約的時候，我突然得了膽囊炎，住進了醫院，大夫說必須做手術，不然有危險，其他燈廠的老闆知道我得病的消息，就在報紙上大造輿論，說我得的是絕症，騙取銀行的錢來治病。這樣一來，那位銀行家也半信半疑，不準備投資了。當時我躺在病床上萬分焦急，沒有辦法，只能鋌而走險——先不做手術，仍如期與那位銀行家見面。

見面前，我請醫師給我打了止痛藥。我在會面時，忍住疼痛，裝作沒事似的，和銀行家握手，並談笑風生。但時間一長，藥勁過去了，我的肚子跟刀割一樣疼，後背的襯衣都讓汗水濕透了。可我咬緊牙關，繼續和銀行家周旋，我心裡只剩下一個念頭：『再堅持一下，成功與失敗就在能不能挺住這一會兒。』疼痛終於在我強大的意志力下低頭了，最後我們終於簽了約。」

「老闆，您剛才講得太動人了，我想我還可以再堅持一下。我回去重新設計，不成功，誓不甘休！」傑森挺著胸，握著拳，臉漲得通紅，說話的聲音都有些顫抖了。事實是最好的證明，在實驗進行到第十八次的時候，傑森終於取得了成功。

沒有堅持到最後，意味著之前的努力都白費了，結果還是等於零。當大家因為無法戰勝最後的困難，垂頭喪氣而選擇退卻的時候，成功者會堅守目標，憑著「不達目的誓不休」的精神，不氣餒不退縮，奮鬥到底，跨過重重困難的「臨界點」，最終獲得成功。

磨練是邁向成熟的一個階梯，跨過一個個的階梯，才能逐步地成熟起來。有些時候，也許只是少了那麼一點點的堅持，成功就會與你擦肩而過。堅持就是勝利，再堅持一下，你就能走出困境，取得成功。不要讓最後的1％毀掉了你所有的努力。

跳蚤效應
目標決定人生

目標決定人生，這個寓意簡單，卻未能被大多數人發現的道理就是「跳蚤效應」（Flea Effect）。「跳蚤效應」來源於一個有趣的實驗：

生物學家曾經將跳蚤隨意往地上一拋，牠能從地面上跳到一公尺以上的高度。為了研究跳蚤的跳高特性，研究者們試著限制跳蚤跳躍的高度。

生物學家在玻璃杯上放個蓋子，然後讓跳蚤在裡面跳躍。這時跳蚤一跳起來就會撞到蓋子，而且是一再地撞到蓋子。過一段時間後，拿掉蓋子就會發現，雖然跳蚤繼續在跳，但已經不能跳過蓋子的高度，直至結束生命都是如此。

為什麼在沒有限制了以後，跳蚤仍然跳不過蓋子的高度了呢？理由很簡單，牠們已經調節了自己跳的高度，而且適應了這種情況，不再改變。不但跳蚤如此，人也一樣，**有什麼樣的目標，就有什麼樣的人生**。

有一句英國諺語說：「對一艘盲目航行的船來說，任何方向的風都是逆風。」人生也是一樣，**如果沒有明確的目標，就會像一艘沒有航向的船，只能漫無目的地漂泊。目標就像遠方的一個燈塔，只要人們堅持不懈地向著它前進，總有一天，就會到達。**

一九五二年七月四日的清晨，加州海岸還籠罩在濃霧中。一名三十四歲的女人在海岸以西二十一英里的卡塔林納島上，涉水進入太平洋中，向加州海岸游去。如果她能成功，她就是第一個游過這個海峽的女人。她的名字叫弗洛倫斯・查德威克。

在此之前，弗洛倫斯是第一個游過英吉利海峽的女人。那天早晨，冰冷的海水凍得她身體發麻，海面上的霧很大，她連護送她的船都幾乎看不到。時間一個小時又一個小時過去，千千萬萬人在電視上注視著她。刺骨的水溫是她在以往這類渡海游泳中的最大問題。十五個小時之後，她被冰冷的海水凍得渾身發麻。她知道自己不能再游了，就叫人拉她上船。這時在另一艘船上，她的母親和教練告訴她海岸很近了，叫她不要放棄。但她朝加州海岸望去，除了濃霧什麼也看不到。幾十分鐘之後，人們把她拉上了船。而拉她上船的地點，離加州海岸只有〇・八公里！

弗洛倫斯得知這個事實後很沮喪，她告訴記者，真正令她半途而廢的不是疲勞，也不是寒冷，而是因為在濃霧中看不到目標。弗洛倫斯一生中就只有這一次沒有堅持到底。兩個月之後，她成功地游過了同一個海峽。弗洛倫斯不但是第一位游過卡塔林納海峽的女性，而且她的速度也比男子紀錄快了大約兩個小時。

如果把人生的過程當做一次旅行，那我們首先要做的就是找對方向，確立人生的奮鬥。有了人生的奮鬥目標，人們才能夠勇往直前。**朝著目標走才不會迷路，否則做再多盲目的努力都是徒勞的。很多人都覺得自己的人生中應該做些什麼，可就是遲遲拿不出行動來。根本原因在於他們欠缺未來目標。有什麼樣的目標，就有什麼樣的人生！**

曾經有人提出過這樣一個問題：計程車在什麼時候是最危險的？當時很多人提出了不同的答案，可謂五花八門，但是最後的答案卻有點出人意料。答案是：沒有乘客的時候最危險。因為，有乘客的時候，司機有目標，他就會全神貫注駕駛，同時想方設法盡快到達目的地；而沒有乘客的時候，他是盲目的，走到十字路口左轉右轉猶豫不定，而且在左顧右盼的情況下，精力也被分散消耗掉了。

你的腦袋是不是常常在盤算著：不可能的，我都這麼大年紀了，怎麼能跑那麼遠；我學歷那麼低，公司怎麼會雇用我；我長得不夠漂亮，他怎麼會喜歡我？……由於你的自我設限，導致身體內無窮的潛能沒有發揮出來。自我設限和其他人性的弱點一樣，讓你流入平庸之輩！

印度人馴服大象是從小象開始的，把一根鐵鍊拴在柱子上，小象想掙脫，但由於柱子和鐵鍊都很結實，牠掙脫不掉。等小象長大一點，再改用稍粗一點的柱子和鐵鍊，牠仍然掙脫不掉。如此反覆，小象漸漸習慣不再掙扎，直到長成大象，可以輕而易舉地掙脫的時候，牠卻不知道掙脫了。

為什麼一根小小的鐵鍊就能拴住幾噸重的大象呢？因為牠已經認定自己掙脫不了鐵鍊了，是牠自己把自己鎖住了。

「自我設限」是一件悲哀的事情。不敢去追求成功，是因為心裡已默認了一個「高度」，這個高度常常暗示自己：成功是不可能的，是沒有辦法做到的。「心理高度」是人們無法取得成功的原因之一。每個人的心中都有夢想，別讓你自己的「心理高度」限制了你的夢想，要勇於突破自己設定的框架，激發內心的無窮潛力朝向著人生目標邁進，只有這樣，才能成為贏家。

不值得定律

時間用在哪裡，成就就在哪裡

「不值得定律」（Law is not Worth）所說的是：**不值得做的事情，就不值得做好。這個定律反映出一種心理：如果從事的是一份自認為不值得做的事情，往往會以敷衍了事的態度完成。如此一來，不僅成功率小，而且即使成功，也不會覺得有多大的成就感。**

那麼，什麼是值得我們去做的事情呢？值得做的事情就是：符合大眾的價值觀，適合大家的個性與氣質，並能看得到期望的事。

不要再為那些不值得做的事浪費寶貴的時間。不管你是有錢人還是窮人，每個人的一年都是三百六十五天，每一天都是二十四小時。成功的關鍵在於是否善用這二十四小時。**時間是創造一切的根本，你的時間花在哪裡，你的成就就會在哪裡**。想知道你的成就在哪裡嗎？那就看看你每天的時間都花在哪裡。

李昌鈺剛到美國的時候，在紐約大學醫療中心找到一份化驗員的工作，「化驗員」的名稱雖然好聽，但實質上的工作就是負責清洗化驗室中用過的試管和儀器，是化驗室中最卑微的工種。

上班的第一天，李昌鈺表現得非常勤快，他的兩位同事偷偷地告訴他說，這種工作不忙，不必做那麼快，沒事了就聊聊天，看看書，到下班前一個小時把事情做好就行了。

李昌鈺對如此耗費上班時間不解，同事提點他說：「你做得越多，人家就越會占你便宜，就會有更多的試管和儀器等著你洗。慢慢做，只要別讓上司看到你閒著就行了。」

李昌鈺沒有按照同事的指點去做，他覺得在工作中浪費時間永遠不會有所成就。他每天上班總是在第一時間內把所有儀器和試管都清洗乾淨，然後利用剩下的時間向技師學習如何操作生化儀器，並聆聽當時主持化驗室的名教授奧卓亞教授所做的一些研究工作。沒過多久，李昌鈺被升為研究助理，而曾指點他的同事依然是默默無聞的化驗員。

後來，李昌鈺又用他的這種精神創造了一個又一個奇蹟，他赴美國之前在臺灣警校學的是員警課程，到美國後改學生物和化學，別人都認為一個員警是不可能成為科學家的，但是他成為頂尖的科學家。當他念完生化課程後，很多人又說中國人只能從事研究工作，不可能成為教授，但是他進入康州紐黑文大學一年後，被評為年度最傑出的教授。三年內，他從助理教授擢升為終身教授……

對於自己取得的成就，李昌鈺說：「這些成就，無非是多用一點功，多出一點力，你自然就會比別人強。」他的時間觀念則是：每天少睡兩個小時，吃喝只用個一個半小時，一年就能節省三千兩百八十五小時。如果將這些節省下來的時間用在工作上，一年就能比別人多做三年的工作。

李昌鈺將時間花在了自己的學習和工作上，他勤勉努力，把一年的時間當做三年用，才將不可能變成了可能，取得了讓人羨慕的成就。

成功靠的不是運氣，只有越努力的人才會越有運氣，如果你想在工作上有所成就，那就把時間用在工作上，而不是在聊天、發牢騷等工作之外「不值得」去做的事情上。

魯迅曾說：「哪裡有天才！我是把別人喝咖啡的工夫都用在工作上的。」無論在哪個行業，要做出一番成就，發揮作用的不是運氣，而是在這件事情上花費了多少時間和精力。

世界著名的劇作家尼爾・賽門（Marvin Neil Simon），他的每一部劇作都堪稱經典。有人以為他有什麼過人的才能或智慧，其實很簡單。在尼爾・賽門創作每一個劇本之前，都會先問問自己：如果能夠把每個角色都發揮得淋漓盡致，同時能保持故事的原創性，那麼這個劇本究竟會有多好呢？想明白以後，無疑會有以下幾種答案：

第一種，很好，值得花費兩年的心血去深入構思創作；

第二種，還行吧，但是像雞肋，沒太大意思，不值得耗費太多的精力；

第三種，垃圾、俗套，根本不值得一寫。

正因為在做事之前有這種好習慣，認真考慮事情是否值得做，才讓尼爾・賽門從來沒有為不值得做的事浪費時間，而將有限的精力全部投入了值得做的事業中去，最終取得了成功。

遺憾的是，大多數人直到生命的盡頭，回頭一看，才發現自己整天都在無目的地瞎忙，一生在碌碌無為中度過。他們為那些不值得的事情耗費了大部分的時間，最終虛度一生。所以，不要抱怨自己的運氣不好，不要每天躺在床上夢想自己發財，不要整天吹牛、發牢騷，不要在電視機前流連到深夜，不要再通宵地玩遊戲，因為這些都不會讓你有所成就，是不值得去做的。它只會讓你錯失收穫的季節，喪失成功的機會。

時間雖然不是你擁有成功的唯一資本，可它卻是承載你成就的容器，沒有它，你的成功無處安家。這就像一塊田地，如果你從不花時間在上面，田地終會荒蕪。當你用全部精力去做那些值得做的事情，才能夠收穫豐碩的果實。

Chapter 09

婚戀心理學：

怎樣去斟滿幸福的杯子？

過度理由效應

別把對方的愛當義務

「過度理由效應」（Over Justification Effect）是由心理學家德西所提出。一九七一年，德西和他的助手經實驗證明「過度理由效應」的存在。他以大學生為受試者，請他們分別解題。

實驗將時間切割成三個階段：第一階段，每個受試者自己解題，不給獎勵；第二階段，受試者分為實驗組和控制組，實驗組每解決一個問題就得到一美元的報酬；第三階段，自由休息時間，受試者想做什麼就做什麼。這個實驗的目的在於觀察受試者對解題的興趣保持度。

結果發現：與獎勵組相比，無獎勵組在自由休息時間仍持續解題，而獎勵組雖然在有報酬時解題十分努力，但在不能獲得報酬的自由時間，明顯失去對解題的興趣。在第二階段時，實驗組的金錢獎勵，造成明顯的「過度理由效應」，使實驗組用獲取獎勵來解釋自己解題的行為，進而使原來對解題本身有興趣的態度出現了變化。到了第三階段，獎勵一旦失去，對實驗組來說，沒有獎勵就沒有繼續解題的理由；而控制組對解題的興趣，則沒有受到「過度理由效應」的影響，因而在第三階段仍保有對解題的熱情。

在婚姻生活中，有時候我們難免會希望對方與自己有同樣的想法或感覺，而不允許對方有不同的意見與看法。如果對方的偏好、做法、個性、習慣與自己不同就生氣，並且硬逼對方改變，不許對方做自己不愛做的事，交自己不喜歡的朋友……其實這些都是「過度理由效應」在婚姻生活中的表現。

愛一個人是不需要理由的。但是把對方給你的愛當成理所當然，卻是大錯特錯的。夫妻兩人在漫長的婚姻生活中，總是希望對方為自己做好每一件事情：情人節時，希望對方送花給自己；上、下班時，希望有人接送；生病時有人照顧；哭泣時有人安慰；衣服髒了有人洗；肚子餓了有人做飯……。這一切，都是夫妻之間彼此相愛的一種表現，千萬不可當成對方的義務。

就和夫妻吵架誰先道歉一樣，第一次、第二次，因為寵你，總是低頭妥協，但難免會有心情不好的時候，這時候應該反過來安慰對方，而不是被動地等待對方來道歉。有時候其中一方即使沒有錯，也願意低頭，那是因為他很愛對方，但這並不是義務。愛情是兩個人互相付出，而不是一個人付出、一個人索取。婚姻中沒有任何一件事是該被看成應該的，多體會對方的付出吧！**真正相愛的人是彼此善待對方的**。

電視劇《鑽石王老五的艱難愛情》中，男主角公孟皓對女主角林雨馨曾說過一句話：愛是付出，不是索取。雖然在他追求愛情的過程中有些「不擇手段」，而且近乎瘋狂，但因為他對愛的執著，最終贏得了愛情。他對愛情的真誠，與對林雨馨至死不渝的愛，林雨馨並非不知。雖然一開始，她總是以種種理由拒絕，但也令人不得不佩服林雨馨對愛的理解。她為了愛，可以犧牲一切，或許連自己的生命也可付出！

在婚姻中常有這樣的現象：妻子或丈夫常常無視對方為自己所做的一切，因為這是「責任和義務」，而不見得是因為「愛和關心」；一旦外人對自己做出類似行為，因為不是「責任」也不是「義務」，故會認為這是「關心」，是「愛的表示」。同樣的，當得到親朋好友幫助時，也容易被視為「理所當然」，因為「他是我的親戚」、「他是我的朋友」，理所當然他們會幫助自己；但如果一個陌生人向自己伸出援手，則會認為「這個人是樂於助人的」。其實這都是「過度理由效應」帶來的誤導。

不要把對方的愛當成是一種義務。愛是一種付出，而不是索取。只有彼此都為對方付出時，愛的小船才能駛得更長更遠。

刺蝟法則

距離產生美感

為了研究刺蝟在寒冷冬天的生活習性，生物學家做了一個實驗：把十幾隻刺蝟放到戶外的空地上。這些刺蝟被凍得渾身發抖，為了取暖，它們只好緊緊地靠在一起；但相互靠攏後，又因為忍受不了彼此身上的刺，很快地又各自分開了。但因天氣實在太冷，牠們又忍不住靠在一起取暖。然而，靠在一起時的刺痛使它們不得不再度分開。挨得太近，身上會被刺痛；離得太遠，又凍得難受。就這樣，牠們反覆地分了又聚、聚了又分，不斷地在受凍與受刺之間掙扎。最後，刺蝟們終於找到了一個適當的距離，既可以相互取暖，又不至於被彼此刺傷，這就是所謂的「刺蝟法則」（Hedgehog Effect）。

法國總統戴高樂就是一個很會運用「刺蝟法則」的人。他其中一個座右銘是：「保持一定的距離！」在他當總統十多年的歲月裡，他的顧問和智囊團工作年限都不能超過兩年以上。他對新上任的辦公室主任總是這麼說：「我用你兩年，正如人們不能以參謀部的工作當成自己的職業一樣，你也不能以辦公室主任當成自己的職業。」

這是戴高樂的法則。此一法則出於兩方面原因：一是在他看來，調動是正常的，而永遠不動則是不正常的。就像部隊的做法一樣，因為軍隊是流動的，沒有始終固定在一個地方的軍隊。二是他不想讓「這些人」變成他「離不開的人」。這表示戴高樂是個靠自己思維和力量生存的領袖，他不希望身邊有永遠離不開的人。只有適時調動，才能保持一定的距離，而唯有保持一定的距離，才能保證顧問和參謀的思維和決斷，是具有新鮮感和充滿朝氣的；還可杜絕他們利用總統和政府的名義營私舞弊。

戴高樂的做法是有道理的。戀人之間的「刺蝟法則」更是如此。**在愛情中，「距離的美感也是必要的相處之道」**。就如同「相見不如思念」一般，兩個戀愛中的人，如果沒有找到合適的相處方式，沒有保持一定的距離，那麼兩個人將失去調整自我的空間。過於親密時，個性的差異就容易被凸顯，而免不了會發生摩擦。當有了適當距離，反而會念起對方的種種好處，關係反而更加親近。親密有間、疏而不遠的距離，才能讓愛情歷久彌新。

世間萬物本就有許多相通之處。「刺蝟法則」告訴我們，**找到一個合適的相處距離和方式，決定戀愛中兩人在一起時的幸福與否**。兩個人在一起，必定要經歷一段磨合的過程。不要每天都想要「黏」著對方，留一點空間讓伴侶思念，如此會讓愛情升溫，不是嗎？沒有一點自由的空間，只會讓對方感到壓抑並且無所適從。

張麗的丈夫王先生是公司的總經理，由於工作的原因，他常常會帶公司的女職員外出陪客戶吃飯。每當這時，張麗的電話就會追蹤而至：「你在哪兒啊？怎麼那麼吵啊？」

回到家，張麗一會兒甜言蜜語，一會兒在他身上尋找是否有任何蛛絲馬跡：「怎麼有一股香水味呀？」

張麗的這些小動作怎麼逃得過王先生的眼睛，但他往往假裝不知，好讓她在一無所獲中感覺安心。一次，王先生的幾個好友勸張麗不要過分緊張，她反過來認真地拜託他們：「我們的孩子還小，你們可要幫我看著他啊。」

經過幾番折騰，王先生無論做什麼事都感覺被人盯著，在束手束腳的心情之中，工作每下愈況，甚至連家都不想回。張麗如此做法，就是沒有給丈夫留點私人的空間，結果弄得自己和家人都不愉快。

中央電視台《東方時空》節目曾做過一項一千五百人的調查，有68％的人承認自己翻看過情人的簡訊和通話記錄。為什麼如此多人喜歡藉由偷窺短訊以及伴侶的內心私語呢？在《東方時空》的調查中，抱著「看看有沒有好玩的簡訊」的人占40％，「沒有明確目的」的人則有31％。

從心理學上來看，這是想了解伴侶心中的那個「私人自我」。其實在兩人的相處中，合適的距離才能讓彼此更加幸福。愛情中也需要隱私，不要肆意地去盤問或偷窺另一半的隱私。既然是兩個不同的個體，就註定每個人都有自己的「私人」空間。心理學家指出，每個人都有「公眾自我意識」和「私人自我意識」，也就是說，人們在人前是一個樣子，而在內心世界中又存在另一個私密的自我，即使面對伴侶，也會隱藏一部分「私人自我」。

難怪三毛曾說：「我的心有很多房間，荷西也只是進來坐一坐。」

人與人之間的距離就像一杯水，太涼了寒心，太熱了燙嘴，只有適度才最合意。戀人之間保持適當的距離，才會更融洽，才能讓兩人都感受到戀愛的喜悅與幸福。在人際交往中保持適當的距離，才能避開因為太親密而帶來的尷尬或不利。

羅密歐與茱麗葉效應

外在壓力讓感情更牢固

心理學家德斯考爾等人在對愛情進行科學研究時發現，在一定範圍內，父母或長輩干涉兒女的感情，不僅不能影響他們，反而會促使他們感情更好。亦即如果出現干擾戀愛雙方愛情的外在力量，戀愛雙方的情感反而會更強烈，兩人之間的關係也會變得更加牢固，這種現象就叫「羅密歐與茱麗葉效應」（Forbidden Fruit Effect）。

在莎士比亞的經典名劇《羅密歐與茱麗葉》中，羅密歐與茱麗葉相愛，但由於雙方家庭的世仇，他們的愛情遭到極力的阻礙。但這些壓迫並沒有使他們分手，反而使他們彼此愛得更深，甚至為此殉情。「羅密歐與茱麗葉效應」效應產生的原因在於，青少年時期是自我意識走向成熟的時期，反抗是他們的心理特徵，越是禁果越想吃，越是受阻，就越有狂熱的行動。另外，愛情是年輕人心中的聖殿，也是他們成熟和獨立的象徵，捍衛愛情是他們共同的追求。他人的干預只會使戀愛雙方更加努力消除一切障礙，而更加親密，甚至相依為命。

美國社會心理學家布萊姆在一個實驗中，讓一些受試者面臨A與B兩個選擇。在低壓力條件下，一個人告訴他：「我們選擇的是A」；在高壓力條件下，另一個人告訴他：「我認為我們都應該選擇A」。結果，在低壓力條件下，受試者選擇A的比例為70％；而在高壓力條件下，只有40％的受試者選擇A。可見如果選擇是出於自願的，人們就會傾向增加對所選擇對象的喜愛程度；而當選擇是被強迫的時候，便會降低對選擇對象的好感。

幾乎無人不知的愛情悲劇，在每個民族流傳著。世代之間的恩怨，或是家庭條件的懸殊等，都可能導致長輩對子女婚姻的阻撓。但是那些拿生命做賭注的愛，只是自私的想法。上天賦予我們寶貴的愛情，不應被如此對待。世上沒有父母會忍心把子女逼到絕路。當愛情受到阻撓時，不要逃避，不要等父母改變決定，自己應主動和父母溝通，才是化解父母心結最有效的方法。

趙玲畢業於知名大學，一畢業就進入外商工作，薪資優渥。一次，趙玲遇到來公司推銷辦公家具的王強，兩人在交談過程中互相萌生好感，幾次見面後，兩人便開始交往。

兩年下來，趙玲的工作日漸沉穩熟練，而被提拔為部門主管，但王強仍在家具公司做銷售工作。然而升遷與否並沒有影響他們的感情，兩人在交往一陣之後，也有了結婚的打算。但是結婚對他們來說是有難度的。因為趙玲的父母本來就非常反對兩人戀愛，更別提結婚。趙玲父母認為王強只是普通專科畢業，而且從事的工作也沒什麼前途，女兒嫁過去一定會吃虧。

因此王強一而再、再而三地登門拜訪，都被趙玲父母拒之門外，然而他從來沒喪氣過。有一天，趙玲、王強再次拜訪時，趙玲父親突然哮喘發作倒在社區門口，王強隨即把趙爸爸背回家中，並協助趙爸爸服藥。這事過後，趙玲父母對王強的態度明顯地改變了許多，但還是沒有贊同兩個人的婚事。

趙玲和王強並沒有放棄。趙玲告訴王強，父母只是擔心他的前程，怕他照顧不好自己的女兒。為此王強在趙玲的協助下寫了一份計畫書，清楚地列出自己在事業上長遠的目標和一定要成功的決心。

趙玲父母看完這份計畫書後，對王強提出要求，只要王強能在一年內事業上有所進展，他們就不再反對兩人的婚事。

一年後，在趙玲的幫助以及王強的努力之下，在工作上大有斬獲，成績不錯。因此，趙玲和王強就在雙方父母的祝福下，順利舉行了婚禮。

通常父母會有較多的考量，是因父母身為過來人，不管他們的文化背景有什麼差異、出身地位有什麼不同，他們畢竟是經歷過婚姻的。因此對於尚未走進婚姻的子女而言，無論從哪個方面來看，一定都會更加慎重。因為經歷過的、體會過的，比沒經歷過、沒體會過的人，會有更深刻的認識和感悟，身為子女，只要了解父母的用心，大可想辦法與父母溝通，一同找出最好的做法。

所以不管是親子或愛情關係，人都有一種「自主」的本能，一旦感覺到這種自主被剝奪，就會在心裡產生一種抗拒的心理，而排斥被迫喜愛的事物，並更加愛護被迫放棄的事物。這樣的心理影響我們很大，如果我們盡力維護的是不對的，那麼就容易被蒙蔽雙眼，而導致錯誤一代代地不斷發生。因此我們看待事物應該適當保持客觀，避免偏頗或偏執，對人生帶來不好的影響。

戀愛深受父母反對的朋友們，不要被「羅密歐與茱麗葉效應」影響。如果你認為選擇的是一個可以託付終身的人，就不要害怕旁人的阻撓。理性地和父母溝通吧，當你決定要積極、堅強地面對自己的感情和生活時，總有一天父母也會為之動容的。

路徑依賴原理

為婚姻找一條幸福長久的路

「路徑依賴原理」（Path Dependence）所說的是，人們在做了某種選擇之後，會產生一種慣性的力量，使自我不斷強化這一選擇，並讓自己不輕易脫離。

第一個明確提出「路徑依賴」理論的，是美國經濟學家道格拉斯・諾思。他運用「路徑依賴」理論成功地闡釋了經濟制度的演進規律，從而獲得了一九九三年的諾貝爾經濟學獎。

諾思認為，「路徑依賴」類似於物理學中的慣性，事物一旦進入某一路徑，就可能對這種路徑產生依賴。這是因為經濟生活與物理世界一樣，存在著報酬遞增和自我強化的機制。這種機制使人們一旦選擇走上某一路徑，就會在以後的發展中得到不斷的自我強化。

在現實生活中，路徑依賴現象無處不在，曾經有一個著名的例子：

現代鐵路兩條鐵軌之間的標準距離是四・八五英尺（一・四七八公尺），為什麼採用這個標準呢？原來，早期的鐵路是由建電車的人設計的，而4.85英尺正是電車所用的輪距標準。因為最先建造電車的人以前是造馬車的，所以沿用的是馬車的輪距標準。馬車的輪距標準，是因為古羅馬人軍隊戰車的寬度就是4.85英尺。羅馬人為什麼以4.85英尺為戰車的輪距寬度呢？原因很簡單，這是牽引一輛戰車的兩匹馬屁股的寬度。

有趣的是，美國太空梭燃料箱的兩旁有兩個火箭推進器，因為這些推進器造好之後要用火車運送，路上又要通過一些隧道，而這些隧道的寬度只比火車軌道寬一點，因此火箭助推器的寬度由鐵軌的寬度所決定。所以，今天世界上最先進的運輸系統的設計，在兩千年前便由兩匹馬的屁股寬度決定了！

人們關於習慣的一切理論，都可以用「路徑依賴」來解釋。這個理論告訴人們，要避免「路徑依賴」的負面效應，在最開始的時候，就應找對正確的方向。

「路徑依賴原理」一般多用於經濟上，然而，在婚姻生活中，用「路徑依賴原理」來選擇和經營婚姻一樣受用。特別是對於女性而言，婚姻就像一場唯一的賭注，一招不慎，滿盤皆輸。為了規避婚姻的風險，現代女性在選擇對象時，總是要進行周密的計算與考慮，車、房、存款、對方的職業、健康等。非純粹愛情因素成為婚姻是否安全的重要考量指標。女性為了使婚姻的性價比達到最高，就要在經營婚姻的過程中有一個成功可取的路徑或者說是標準，然後從此按照這個路徑去經營自己的婚姻。

美好的婚姻是每個人所追求的理想狀態，而現實中還是免不了缺失和遺憾。如果你的婚姻不是從愛情開始的，而是為了各自的目標，如果你的婚姻沒有建立在感情的基礎之上，而完全是為了各自的需要，把金錢、權勢、所謂的事業等視為婚姻的籌碼，以這樣的前提條件結合在一起，不僅褻瀆了本應當是婚姻靈魂的愛情，也讓你的婚姻和家庭變了調。

想想看，當你和你的伴侶生活在一起，卻同床異夢，甚至為了各自的利益而不惜犧牲對方的利益，互相算計，所做的一切從未顧及對方的感受。最後成了一種徹徹底底的互相傷害，直到傷得遍體鱗傷、體無完膚，以往不正常的表面平衡被徹底打破時，婚姻破裂可能就在瞬間爆發。所以當你要決定走進婚姻殿堂時，要始終如一地給自己制訂一個成熟的擇偶目標：你要對自己選擇的愛人的品行、家庭都有一個詳細且理智的認識，對自己以後的婚姻生活有個現實合理的規劃，然後按部就班地按照這個規劃好的路徑去走，如此才能找到真正適合自己的婚姻。

當你選擇好對象之後，應細心呵護剛剛開始的婚姻生活，找出一條夫妻相處的和諧之道；當找到這條和諧之道時，要持之以恆地堅持下去，這樣你的婚姻才會走得更好，走得更遠。當然在婚姻開始後，當你的情感已經付出、責任已盡，卻無奈地發現對方是一個不會善待自己、不會真心顧家的人，儘管你付出了很多努力，做了很多讓步，仍然無法改變對方，而你的婚姻名存實亡。如果這樣，那麼就乾脆放棄，重新來過。

人們常說，婚姻是人生的第二次投胎。一個人選擇婚姻，也就等於選擇了自己的整個後半生。所以，為了後半生的幸福，婚姻不僅要慎重選擇，也要合理經營。如果懂得善於利用「路徑依賴原理」來經營婚姻，從一開始就要找出一條和諧融洽的路徑，然後按照一定的尺規和模式一路經營下去，在婚姻過程中保持婚姻最開始時開創的正確路線和方針，就會輕鬆地收穫幸福。

互補定律

我挑水來你澆園，互補夫妻更長遠

人與人之間能夠相互滿足，產生強烈的吸引力，這就是「互補定律」。研究指出，無論任何團體，如果全是性格相近的人，將很容易造成內部的不和諧，也容易發生爭執。這就是因為性格相近的人需求類似，同時對一個事物產生需求的時候，大家就會產生利益衝突。

在夫妻之間，男女本身就是互補的。男人的威武雄壯，可以保護女人，給女人安全感；女人的溫柔細膩，可以給其療癒感。大部分婚姻也都是基於互補關係而締結的。例如，文靜的妻子與幽默的丈夫。雙方的個性傾向和行為特徵正好都滿足了對方的需要，並構成了雙向的互補關係。一個支配型的男人願意娶一個依賴型的女人做妻子；一個潑辣厲害的女人願意與一個被動沉默的男人結合。

朋友必須志趣相投，夫妻卻可以互補。互補型夫妻往往更容易欣賞對方，因為自己欠缺的，對方會給予一個很好的補充。如果全是急性格的人在一起，就容易發生爭吵、糾紛；全是沉默寡言的人在一起，生活就顯得沉悶。這和物理學上的「同性相斥」現象極為相似。個性互補，有助於愛情的長久維持。

有一對大家公認的「最佳情侶」，就是一對互補型戀人。女孩的日記中，這樣寫道：

我做事拖拖延拉，無論是做家務還是買東西，都要花上好久的時間。而他是一個辦事俐落的人，三兩下就能把屋子收拾好，他的雷厲風行，讓我省了許多精力。

我是一個優柔寡斷的人，而他卻是當機立斷的。所以一碰到需要作決定的事，我就把難題扔給他，他會在極短的時間內作出一個最適當的選擇。

我經常丟三落四的，他就很細心，經常提醒我拿這個拿那個，要是沒有他，我的生活肯定一團糟。

我很感性，做任何事情容易感情用事。他是一個很理性的人，有了他，才讓我少做了很多錯誤的決定。

他性格有點急躁，我性格隨和，所以每次出現矛盾都是我向他道歉，我們的冷戰一般不會持續多久就會被我的溫柔融化掉。

他很固執，我卻善於遷就。我不會去和他爭他愛看的球賽和新聞節目，不會因為兩個人意見相左而彼此不讓步，我的遷就讓我們的愛情少了許多紛爭。

我欣賞他身上我沒有的東西，他也喜歡我身上他欠缺的東西，我們和睦相處，過得很幸福。

每個人之間都存在著個性差異，氣質、性格都各有不同。例如，有的脾氣急，有的慢性子；有的做事細緻、耐心，有的辦事麻利、迅速；有的控制欲強烈，有的依賴心強烈，這些都是典型的作風和性格上的互補。

一項對大學生情侶進行的研究發現，對於短期伴侶來說，促使他們愛情發展的動力，最主要的是價值觀的一致，對於長期（十八個月以上）伴侶來說，則是需要的互補。「互補」會形成雙方的默契與和諧。然而作風和性格上的互補有一個前提條件，那就是雙方至少在價值觀上應該一致。

婚姻的幸福與否，並不完全取決於性格的相似或者互補，但是性格互補的夫妻如果能寬容一點，善於發現對方身上的優點，就更容易創造和諧，使得彼此更加親密。

幸福遞減定律

抓緊手中的幸福

人們從獲得一單位物品中所得的滿足感，會隨著所獲得的物品增多而降低。同一個人在不同時間裡會有不同的感受，同樣的物品對處於不同需求狀態的人，其幸福效應是不一樣的。人們對同一事物的滿足感，會隨著物質條件的改善而降低，這就是著名的「幸福遞減定律」。

「幸福遞減定律」告訴人們，**同一個人在不同的時間裡對於同樣的事物會有不同的感受，同樣的物品對處於不同需求狀態的人，其幸福效應是不一樣的**。當人們處於較差的狀態時，只要是一點點微不足道的事情，就可能帶來極大的喜悅；當所處的環境漸漸改善時，人們的需求、觀念以及欲望等都會發生改變，同樣的事物就再也無法滿足需求，人們便再也無法從中找到當初的幸福感了。

走在沙漠裡的人，如能喝到一杯水，就會感覺幸福得像上了天堂。而當他歷盡千辛萬苦走出沙漠，來到泉邊時，喝第一杯水會感覺很甜美，喝第二杯水感到很清涼，等到喝第三杯、第四杯水就會感到很飽脹，如果連續不停地喝，最終會成為一種負擔。

一個男孩虔誠地用草編成戒指，給心儀的女孩戴上，兩個人覺得這一刻就是人間的天堂。多年後，當他們步入中年、有錢有地位之後，無論丈夫給妻子買多少鑽戒，都無法達到當初那枚草編戒指帶給他們的幸福感。

十九世紀丹麥哲學家克爾凱郭爾曾說：「每一種事情都變得非常容易之際，人類就變得只有一種需要——需要困難。」有了困難，才知每一分錢來之不易；有了困難，才知人間真情是多麼的溫暖。只有回憶過去的苦，才知現在的甜。

幸福是需要提醒的——因為人們常常身在福中不知福。正如一位美國人說的：「我以為幸福剛剛開始，其實錯了，幸福一直都在你身邊。」

每個成功的男人後面都少不了一個女人，每個成功的女人後面也少不了一個男人。「執子之手」，才能「與子偕老」。人世間，兩個人從相遇、相知到相愛，是一件多麼不容易的事情，所以夫妻之間更要珍惜在一起的緣分，不要忽視了身邊的幸福，讓幸福從你的生活中悄悄溜走。沒有感到幸福，往往不是因為沒有得到幸福，而是你失去了對幸福的敏感度。不想讓幸福感遞減，那麼就抓緊手中的幸福，就多花點心思、多用點智慧，為你的愛情澆水施肥，讓愛情永遠新鮮。

馬斯洛理論
尊重讓愛走得更遠福

亞伯拉罕・馬斯洛出生於紐約市布魯克林區，他是美國社會心理學家、人格理論家和比較心理學家，人本主義心理學的主要發起者和理論家。

「馬斯洛人類需求五層次理論」（Maslow's Hierarchy of Needs）是指人在滿足了生存、安全的需求之後，就渴望被尊重，希望人格與自身價值被承認。馬斯洛指出，尊重是一種需求，它包括對成就或自我價值的個人感覺，也包括他人對自己的認可與尊重。

一九四三年，馬斯洛發表了《人類動機的理論》（A Theory of Human Motivation Psychological Review）一書。在這本書中，馬斯洛提出了著名的人的需求層次理論。在馬斯洛看來，生理需求是人類最基本的需求。人類不會安於底層的需求，較低層的需求被滿足之後，就會往高處發展。滿足生理需求之後，就會追求心理滿足和社會認同，之後就想被愛，被尊重，希望人格與自身價值被承認，這是人類共同的特質。

「馬斯洛理論」在婚姻生活中更得以體現，當男女雙方共同建立一個家庭之後，夫妻之間更需要彼此尊重對方的想法或者意見，這種需求並不會隨著愛情的加深而變淡或者消失。

我們可以從生活中的小事分辨出愛意中是否帶有尊重。**如果你愛一個人，請一定要尊重他：尊重他的意願，尊重他的選擇，尊重他的想法**。只要互相尊重，任何形式的愛，都能獲得祝福。無論愛意來自第幾方，有尊重便不會有傷害。

如果愛情失去尊重，人們往往容易打著「責任心」的旗幟，去達到控制對方和指使對方的目的，很容易淪為支配和佔有，成為滿足控制欲的藉口。

尊重不僅僅是一種意願，更是一種能力，一種態度。要做到真正地尊重別人，首先要有獨立的人格。心智成熟的一方，不會透過控制和利用對方來證明自己的存在。珍愛對方，就應該讓對方以自我意志去成長，去生活。

有一位商人，認識了一個上班族女孩。女孩溫柔體貼，男人事業有成，兩個人似乎是很好的情侶。但是這位商人比較大男人主義，凡事都不讓女孩嘗試，名義上是愛她，實際上是想控制她。商人還愛喝酒，喝酒之後就想打人，有幾次還真動了手。打了女孩之後，才又趕緊承認錯誤。

商人自認為真心愛著這個女孩，也多次向她求婚。但是女孩遲遲不答應，總感覺他們之間還缺少點什麼，但是自己又說不清楚。

後來，女孩認識了一位大學生。女孩很喜歡他，但是沒有告訴對方自己已經有男朋友的事實。結果，一次女孩在和大學生約會時，被商人發現了。女孩很恐慌。但奇怪的是，商人並不生氣，還開車載她繼續約會。

商人的看法是：「妳很單純，不要吃虧了；要是吃了虧，就告訴我，我來『修理』他。」商人自以為那個大學生是個窮光蛋，女孩決不會嫁給這種男人的。但是結果出乎他的意料，女孩最後離開了他，選擇了那個「窮光蛋」。

其實，女孩在與大學生相處的過程中，才慢慢發現：這個大學生與那個商人之間最大的區別就是，這個本科生是真心尊重自己，而商人對自己的愛缺乏尊重，是一種打著愛的名義的控制。女孩自從離開了那個商人後，感受到真正的愛，內心的幸福和滿足溢於言表。

這個故事說明了，沒有尊重的愛，是遲早會出現問題的。在生活中，夫妻之間因為關係親密，說話難免比較隨意，往往不會去仔細考慮對方的感受，有什麼就說什麼。心情煩躁了，就拿對方發洩；對方做事情出現了失誤，或者事業上發生了挫折時，往往忘了給予安慰鼓勵，反而開口挑剔埋怨；有時忘了顧慮場合，開口就是傷害對方自尊的話；一吵起來就翻舊賬，揭傷疤，稍不如意就扯對方後腿……。殊不知，這樣的行為正在一點一滴地傷害雙方的感情。

有人說：「一對夫妻不管是感情深厚還是感情已亮起紅燈，只要觀察他們談話時的表情和語氣，就可以看出端倪。」如果兩人之間動不動就給對方白眼，冷笑或者出語諷刺，我們就可以斷定這對夫妻之間已失去平衡，這是夫妻之間不應有的現象。尊重是夫妻相處最重要的態度，夫妻做到相互尊重，才能讓關係更加融洽。

對於夫妻來說，尊重是一種態度，是一種品質，以「尊重」為出發點啟航的婚姻，必定一帆風順！永遠要相信一句真理——「家和萬事興」。當你和伴侶手牽手走進了婚姻的殿堂，請你尊重並關愛你的另一半，不要讓婚姻變成地獄！要讓婚姻在你的手裡變得陽光、有朝氣，變得如詩如畫，變得浪漫永久！

國家圖書館出版品預行編目資料

這輩子一定用得到的心理學 / 張笑恆編著．——初版——
新北市：晶冠，2020.09
面；公分．——（智慧菁典系列；19）

ISBN 978-986-98716-8-6（平裝）

1.應用心理學 2.人際關係 3.成功法

177 109011452

智慧菁典 19

這輩子一定用得到的心理學

作　　者 張笑恆
行政總編 方柏霖
副總編輯 林美玲
特約編輯 李美麗
封面設計 王心怡
出版發行 晶冠出版有限公司
電　　話 02-7731-5558
傳　　真 02-2245-1479
E-mail ace.reading@gmail.com
部 落 格 http://acereading.pixnet.net/blog
總 代 理 旭昇圖書有限公司
電　　話 02-2245-1480（代表號）
傳　　真 02-2245-1479
郵政劃撥 12935041 旭昇圖書有限公司
地　　址 新北市中和區中山路二段352號2樓
E-mail s1686688@ms31.hinet.net
旭昇悅讀網 http://ubooks.tw/
印　　製 福霖印刷有限公司
定　　價 新台幣350元
出版日期 2020年09月 初版一刷
　　　　 2022年12月 初版二刷
ISBN-13 978-986-98716-8-6

※本書為改版書，
原書名為《可樂薯條心理學：38個關於EQ的潛效應》。